AF389579

HISTOIRE

DE

LA MAISON COIGNET

— 1848-1900 —

JEAN-FRANÇOIS COIGNET
Fondateur de la Maison Coignet.
Né en 1793, mort en 1846.

EXPOSITION CENTENNALE DES ARTS CHIMIQUES

HISTOIRE

DE

LA MAISON COIGNET

1818-1900

PAR

Jean COIGNET

Un des Gérants de la Société Coignet et Cie,
Vice-Président de la Chambre de Commerce de Lyon.

LYON

A. REY et Cie, IMPRIMEURS-ÉDITEURS

4, RUE GENTIL, 4

1900

EXPOSITION CENTENNALE DES ARTS CHIMIQUES

HISTOIRE

DE

LA MAISON COIGNET

— 1818-1900 —

ANTÉCÉDENTS DE LA FAMILLE COIGNET

JEAN-FRANÇOIS COIGNET

L'industrie de la colle d'os a été fondée à Lyon, en 1818, par Jean-François Coignet, grand-père de l'auteur de la présente notice. avec le concours de sa belle-mère, Mme Vve Dupasquier, née Françoise Glénard, et de ses beaux-frères Alphonse, Louis et Laurent Dupasquier.

Jean-François Coignet était né à Saint-Etienne, le 10 février 1793. Son père, Claude-François Coignet, était fabricant d'armes, et avait succédé à son père dans l'exercice de cette industrie. La mère de Claude-François Coignet était fille d'un tanneur, nommé Durand (son mariage date du 21 juin 1754). Lui-même descendait de Jean Coignet, tanneur à Saint-Chamond, son arrière-grand-père, lequel avait cédé sa tannerie

en 1719 à son fils Genest Coignet, en le mariant à la fille d'un
fabricant d'armes de Saint-Etienne. Genest Coignet était venu
se fixer à Saint-Etienne et avait dirigé son fils vers la fabrique
d'armes.

CLAUDE-FRANÇOIS COIGNET

Claude-François Coignet était donc issu de deux familles
industrielles, celle des fabricants d'armes et celle de la tannerie.

Fabricant d'armes, il fut ruiné pendant la Révolution. On
sait [1] que la Manufacture royale des armes de Saint-Etienne
appartenait à des entrepreneurs, dotés du privilège de la fabrication des armes de guerre. En 1792, le Gouvernement fit appel
à l'industrie privée, et rendit une loi du 8 juillet 1792 qui
établissait une Commission de vérification des armes, chargée
de contrôler et recevoir les armes fabriquées soit par la
Manufacture, soit par l'industrie privée. Claude-François Coignet faisait partie de cette Commission à la date du 10 octobre 1792.

Il fut nommé vérificateur des comptes de cette Commission
le 16 décembre 1792. Ces fonctions publiques devaient causer
son malheur.

Lyon, s'étant soulevé contre la Convention, cherche à mettre
la main sur la fabrication des armes de Saint-Etienne. Le
4 juillet 1793, la Commission populaire républicaine et de
Salut public du Rhône-et-Loire rend un arrêté mettant la
fabrication des armes sous la surveillance du département, du
district et de la municipalité de Saint-Etienne, et ordonne

---

[1] Tous ces détails historiques sont extraits de l'étude que M. le
capitaine d'artillerie Dubessy a publiée sur la Manufacture d'armes de
Saint-Etienne, dans le volume édité par l'Association française pour
l'avancement des sciences en 1897. (Saint-Etienne, Société de l'impri-
merie Théolier, 12, rue Gérantet.)

(9 juillet 1793) l'envoi immédiat à Saint-Etienne d'un bataillon de Garde nationale et de quatre pièces d'artillerie « pour donner protection et sûreté aux autorités ».

Pendant ce temps, Noël Pointe, délégué à Saint-Etienne par la Convention, n'arrive dans cette ville qu'après deux arrestations par les Lyonnais, et trouve suspectes toutes les autorités locales. Il trouve la Commission de vérification, dont faisait partie Claude-François Coignet « composée en grande partie « d'intrigants dont le civisme est très suspect et qui ont des « connaissances très peu étendues dans la partie des armes ». Mais il est obligé de s'enfuir lorsque la colonne de la Garde nationale de Lyon dont il est question plus haut arrive à Saint-Etienne. Le 28 août, les Lyonnais sont obligés de quitter la ville, et le 7 septembre, le représentant Javogues arrive à Saint-Etienne pour se mettre à la poursuite des « muscadins » et venger la Convention. De nombreux citoyens sont jetés en prison.

Claude-François Coignet est incarcéré, sans doute en qualité de membre de la Commission de vérification des armes. Son ordre d'écrou porte simplement :

« Le concierge de la maison d'arrêt de Commune d'armes « (c'était le nom donné à Saint-Etienne par la Convention) « tiendra le citoyen Coignet détenu par ordre du citoyen « Pignon — Le 17 pluviôse (8 février 1794) — ».

Les amis de Claude-François Coignet font d'actives démarches pour le faire élargir, et obtiennent enfin sa mise en liberté des autorités de Lyon, qui prirent l'arrêté suivant :

AU NOM DU PEUPLE FRANÇAIS

— Égalité, Liberté —

Les Représentants du peuple, envoyés dans Commune-Affranchie (Lyon), pour y assurer, etc....,

Vu la demande du citoyen Claude-François Coignet, armurier, détenu par les ordres du nommé Pignon dans la maison d'arrêt de Commune-d'Armes (Saint-Etienne), tendant à obtenir sa mise en liberté ;

Vu à l'appui d'icelle : 1° la réclamation d'un très grand nombre de citoyens de Commune d'Armes en faveur du citoyen Coignet ; 2° un certificat en date du 17 ventôse, signé du citoyen Peyrou, sergent, et de plusieurs de ses frères d'armes, duquel il résulte que le citoyen Coignet a marché contre les rebelles lyonnais ; 3° le tableau des détenus dressé par le Comité révolutionnaire de Commune-d'Armes, par lequel il constate que le citoyen Coignet est un bon citoyen.

Arrêtent qu'il sera mis en liberté dans le plus bref délai possible, et les scellés, si aucuns ont été apposés sur ses propriétés, levés dans les formes prescrites.

Commune-affranchie, le 4 floréal an II (26 avril 1794) de la République une et indivisible.

Signé : REVERCHON et MIAULLE.

Claude-François Coignet mourait quatre ans après, le 3 fructidor an VI (25 août 1798), à l'âge de quarante ans, sans avoir pu rétablir sa fabrique d'armes. Sa veuve, fille d'un droguiste de Brignais (Rhône), chercha alors à diriger ses fils vers la profession de droguiste. Jean-François Coignet, l'aîné, vint dès l'âge de treize ans comme employé dans la droguerie de Vve Jangot, place du Gouvernement, à Lyon. De là il passa dans la droguerie de Vve Dupasquier, 29, rue de l'Hôpital, et épousa, le 11 mai 1813, Mlle Elisabeth Dupasquier. Il alla alors s'établir à Saint-Etienne. Les deux maisons de droguerie Vve Dupasquier à Lyon, et Coignet à Saint-Etienne, restent étroitement unies, et en correspondance suivie.

VEUVE DUPASQUIER

Mme Dupasquier était la veuve de Denis Dupasquier, fabricant de bas de soie, qui avait vu ses métiers détruits pendant la Révolution. Née Françoise Glénard, à Chessy (Rhône) [1], lieu

---

[1] La famille Glénard était originaire de Belgique ; Gaspard Glénard a été naturalisé en 1600.

de naissance de la famille Perret, qui devait présider à la naissance en France de la fabrication de l'acide sulfurique par les pyrites, Mme Dupasquier avait entrepris avec son mari, après la destruction de la fabrique de bas, le commerce de la droguerie-pharmacie.

ALPHONSE DUPASQUIER

A la mort de son mari (20 vendémiaire an XIV, ou 12 octobre 1805), elle envoya son fils aîné, Alphonse Dupasquier, né en 1793, d'abord en apprentissage, dans une pharmacie de Lyon, puis en 1811 à Paris, pour y étudier les sciences. Alphonse Dupasquier obtient le diplôme de l'Ecole de pharmacie, puis, le 10 juillet 1821, le grade de docteur en médecine. Revenu à Lyon, il obtint, en 1827, au concours, la place de médecin de l'Hôtel-Dieu. Une maladie le détourna de la pratique médicale, et il revint à l'étude de la chimie, qui avait été sa science de prédilection dans sa jeunesse. Nommé professeur de chimie à l'Ecole de la Martinière, en 1834, puis professeur de chimie médicale à l'Ecole de médecine de Lyon en 1838, il a créé un enseignement de la chimie à Lyon qui a longtemps servi de modèle à ses successeurs. Il a publié, en 1844, le premier volume d'un traité de chimie industrielle, que la mort l'empêcha d'achever, et qui figure à l'Exposition centennale de la Société Coignet et Cie.

Il mourut à la fin de 1848. Ancien président de l'Académie de Lyon, son éloge a été prononcé à l'Académie dans la séance du 9 janvier 1849 par le chirurgien Amédée Bonnet.

Telles sont les deux familles qui, en unissant leurs traditions et leurs efforts, allaient créer à Lyon l'industrie de la colle, aujourd'hui exercée par la Société Coignet et Cie.

FONDATION DE LA FABRIQUE DE COLLE

A Saint-Rambert-l'Ile-Barbe.

La colle se fabriquait exclusivement avec des peaux. Et sans doute les souvenirs de ses ancêtres qui avait appartenu à l'industrie de la tannerie, appelèrent l'attention du jeune droguiste Jean-François Coignet sur cette question. Deux factures du 9 octobre 1815 et du 26 novembre 1815, montrent que Jean-François Coignet faisait acheter à Lyon, par Vve Dupasquier, des colles qu'il vendait à Saint-Etienne. Ces deux factures renseignent aussi sur les prix :

Colle de poisson, 14 francs la livre ou 28 francs le kilogramme.

Colle en feuille, 14 francs la livre ou 28 francs le kilogramme.

Colle forte d'Allemagne, 1 fr. 12 la livre ou 2 fr. 24 le kilogramme.

En 1817, une facture porte la colle forte d'Allemagne à 215 francs les cent kilogrammes.

En 1821 (lettre du 13 septembre 1821), la fabrique de colle d'os vend la colle blanche 6 francs (la livre probablement) et 2 fr. 50 la deuxième qualité.

Aujourd'hui, la colle forte varie de 0 fr. 80 à 1 fr. 60 le

kilogramme. Mais la colle gélatine courante pour apprêts vaut un prix moyen de 2 fr. 25 le kilogramme et la gélatine extra blanche vaut 5 à 6 francs le kilogramme.

Il est intéressant de voir que les prix n'ont pas énormément varié.

Il est probable qu'Alphonse Dupasquier, qui faisait alors ses études de chimie à Paris, au courant des préoccupations de sa famille, lui signala les procédés que d'Arcet avait fait breveter les 14 janvier 1814 et 7 novembre 1815 pour extraire la gélatine des os par l'acide chlorhydrique.

Il dut faire des expériences à ce sujet et perfectionner le procédé, car, dans une notice pour l'Exposition de 1855, les gérants de la Société, neveux d'Alphonse Dupasquier, s'exprimaient ainsi : « La gélatine a été inventée en 1818 par M. Alphonse Dupasquier, chimiste, l'un de nos prédécesseurs. »

Mme Vve Dupasquier, qui s'était associé son troisième fils, Laurent Dupasquier, sous la raison sociale : Vve Dupasquier et fils, loua une maison située à Saint-Rambert-l'Ile-Barbe, sur les bords de la Saône, à la tête du pont actuel, pour y exercer cette industrie. En même temps, elle chargea son gendre Coignet de vendre à Saint-Etienne la colle produite.

La maison Vve Dupasquier et fils se fait délivrer un brevet d'invention no 886, avec certificat d'addition à la date du 23 octobre 1818[1]. Les brevets d'Arcet ne faisaient guère que poser le principe de la fabrication et visaient surtout l'obtention de l'osséine destinée à la préparation de bouillons alimentaires. Au contraire, le brevet Vve Dupasquier décrit les opérations industrielles nécessaires pour obtenir la gélatine à l'état de plaques. Il supprime le broyage préalable des os et le remplace par le dégraissage de ces derniers. Il fait fondre l'osséine dans une cuve chauffée par un serpentin de vapeur, procédé encore employé aujourd'hui. Enfin il blanchit le bouillon de

---

[1] Voir annexe no 1.

gélatine par un courant de gaz acide sulfureux. La gélatine obtenue est appelée, dans le brevet de Vve Dupasquier, ostéocolle, pour rappeler son origine. Cette appellation a été conservée par la maison Coignet pour un de ses produits :
« L'Ostéocolle sans odeur pour la clarification des vins. »
Les débuts de la nouvelle industrie sont durs.

Correspondance relative à l'Usine de Saint-Rambert.

Voici des extraits de correspondance qui montrent les familles Dupasquier et Coignet suspendues au sort de la fabrique de Saint-Rambert.

On installe la fabrique.

Extrait d'une lettre du 7 avril 1818 de Vve Dupasquier à sa fille, Mme Jean-François Coignet à Saint-Etienne :

Je suis bien fâchée, ma chère amie, de tout l'embarras que nous vous donnons concernant ladite colle. Dieu veuille nous protéger dans cette affaire ; je t'assure que ça me donne bien du souci ; mais enfin c'est au petit bonheur. Tout est commandé ; je crois que dans un mois l'on commencera. Tu sais que l'on a loué à Saint-Rambert.

Les deux maisons s'entr'aident pour cette installation.

Extrait d'une lettre du 12 avril 1818 de Mme Coignet à sa mère Vve Dupasquier.

Nous avons du papier en portefeuille que nous voulons t'envoyer pour te faciliter le paiement des matériaux qu'il te faut pour ton entreprise.

On commence la fabrication :

Extrait d'une lettre du 22 mai 1818, de Laurent Dupasquier à sa sœur Mme Coignet :

Quant à la fabrique, tout s'avance. On commencera à fondre dans le courant de la semaine prochaine ; il faut espérer que tout ira bien.

On vend la première balle de colle à Saint-Etienne pour l'apprêt des rubans. L'enthousiasme que respire cette lettre montre les difficultés qu'on a pour faire prendre un produit nouveau.

> *Extrait d'une lettre du 29 septembre 1818, de Mme Jean-François Coignet à sa mère :*

Post-scriptum à une lettre :

Combien je suis contente d'avoir tardé jusqu'à aujourd'hui d'envoyer ma lettre, pour la bonne nouvelle que j'ai à t'apprendre. Je viens de recevoir la commission de colle ! Ainsi garde tout ce que tu as fait pour pouvoir le leur envoyer, afin de leur faire prendre patience, car il voudrait toute la commission de suite. Ah ! ma bonne maman, le bon Dieu exauce toujours les enfants lorsque leurs désirs tendent à rendre à une mère chérie le bonheur qu'elle mérite. La joie où je suis m'empêche de suivre mes idées. Je ne sais même si tu pourras lire mon griffonnage mais il me serait impossible de le faire mieux dans ce moment. Je t'envoie celui-ci par le courrier parce que je suis impatiente que tu reçoives cette nouvelle.

La colle est également employée à Tarare pour les apprêts :

> *Extrait d'une lettre du 12 novembre 1818 de Vve Dupasquier à sa fille :*

,.... Je crois que nous serons heureux. Nous venons d'en vendre une (balle de colle) à M. Ordoux et ça prend bien à Tarare ; mais nous ne voulons plus de dépôt.

On se préoccupe d'utiliser la poudre d'os dont on a extrait la colle.

> *Extrait d'une lettre du 8 décembre 1818 de Laurent Dupasquier à sa sœur Mme Coignet :*

Nous attendons avec impatience la réponse de Coignet à l'égard de la poudre d'os pour que, si elle est favorable, nous nous occupions de suite à la répandre dans Lyon.

La lettre ne dit pas à quel emploi était destinée cette poudre d'os. C'était probablement pour l'agriculture.

Un obstacle d'un autre genre se dresse devant la nouvelle entreprise. Les odeurs répandues par l'usine de Saint-Rambert amenant des plaintes des voisins, l'autorité menaça de faire fermer l'établissement.

> *Extrait d'une lettre du 4 octobre 1818, de Vve Dupasquier à sa fille :*

J'ai reçu aujourd'hui une lettre de la Préfecture qui nous annonce que jeudi l'on doit décider si nous avons le droit de travailler ou non ; j'ai mandé à ton frère de venir pour s'y trouver ; je te ferai part du résultat.

Pendant ce temps, un employé de la maison, nommé Goubely, quitte ses patrons pour monter une fabrique concurrente. Il devait plus tard (27 janvier 1821) prendre un brevet pour le traitement des écailles de poisson par l'acide chlorhydrique.

Les ressources financières des deux maisons de droguerie sont absorbées par la nouvelle industrie.

> *Extrait d'une lettre du 8 mars 1818 de Mme Coignet à sa mère :*

On nous a promis un effet à vue sur Lyon de mille francs pour demain. Au cas où on nous manquerait de parole, nous t'enverrions toujours cinq cents francs en espèces, qui est tout ce que nous avons pour le moment.

Toutes ces difficultés du début semblent amener le découragement.

> *Extrait d'une lettre du 29 décembre 1818 d'Alphonse Dupasquier à sa sœur, Mme Jean-François Coignet, à Saint-Etienne :*

Un vœu que j'ai encore à faire, c'est de souhaiter que le souci nous atteigne tous un peu moins que l'année qui vient de s'écouler : tu sens que je veux parler de notre fabrique ; en effet, il est difficile d'avoir plus de soucis que Maman, et que, par contre-coup, nous en avons éprouvé au sujet de cette maudite entreprise. Peut-être la nouvelle société que Maman vient de former, contractée sous de meilleures auspices que l'autre, pourra-t-elle contribuer à lui rendre la tranquillité : c'est mon plus grand désir, mais je t'avouerai que je suis bien désenchanté des sociétés en matière de commerce.

La concurrence de Goubely devient inquiétante.

Extrait d'une lettre du 2 avril 1819, de Mme Coignet à sa mère :

Mon mari m'a donné des nouvelles satisfaisantes de ta santé, mais non pas de tes soucis, car il paraît que ce malheureux Goubely t'occasionne bien du tourment par sa nouvelle fabrication. Enfin, il faut espérer que vous pourrez parvenir à en placer beaucoup plus quand le commerce ira mieux.

Du 6 avril 1819, de la même à la même :

Je désire comme toi que la fin du Carême soit un obstacle à la fabrication de Goubely ; mais malgré cela il faut faire ce qu'on pourra pour faire connaître la tienne, avant qu'il ait les moyens de le faire, et une fois que tu auras des pratiques, on ne craindra plus autant.

Malgré tout, la fabrique persévère.

Extrait de la lettre du 6 avril 1819, de Mme Coignet à sa mère :

Tu avais promis à mon mari de lui envoyer une livre de la colle, afin qu'il pût aller dans la maison Dugas ; sans doute que tu l'as oublié. Je te prie de nous l'envoyer de suite avec les os pour qu'ils les essaient.

Extrait de la lettre du 7 août 1819, de Mme Coignet à sa mère :

Le but de la présente est pour te dire de nous envoyer trois ou quatre livres de colle de l'échantillon que tu as envoyé quand Jean-Baptiste était ici. C'est de la rouge. Tu m'en marqueras le prix le plus juste parce que c'est le prix médiocre qui engagera d'en prendre.

On s'occupe de vendre la graisse ou suif d'os, ce qui indique que l'opération de dégraissage se fait régulièrement.

Extrait d'une lettre du 6 novembre 1819, de Laurent Dupasquier à sa sœur :

Pour la graisse, nous nous occuperons de la placer ; au cas où elle vous embarrasserait bien, vous pourriez la renvoyer.

La fabrication se perfectionne, et le second fils de Mme Vve Dupasquier, Louis Dupasquier, qui faisait alors ses études d'architecte et devait plus tard devenir architecte du département, donne son concours à l'entreprise de la famille, pendant l'année 1820.

Extrait de la lettre du 19 avril 1820, de Mme Coignet à sa mère :

Maintenant je te prierai de me dire dans ta première, si c'est vrai que Louis est retourné à Saint-Rambert ; Charles m'a dit qu'il y était pour tout l'été ; dis-moi si cela est, et si mon frère a quitté ses études.

Extrait d'une lettre du 21 août 1820, de Laurent-Auguste Dupasquier à sa sœur Mme Coignet, à Saint-Etienne :

Comme tout ce que nous employons est bien moins cher que l'année passée et que nous emploierons les os entiers, ce qui nous épargnera les frais du moulin et d'un cheval, toutes ces raisons nous ont décidés à entreprendre le travail. Louis continuera toujours ses études. Nous allons y mettre Letourneau qui est au fait de l'ouvrage, et en qui nous avons toute confiance. Mais Louis ira y coucher tous les soirs pour diriger le travail. Nous espérons pouvoir baisser l'article et en vendre davantage.

Marmite de Papin.

En 1821, on essaie, à l'usine de Saint-Rambert le procédé
dit « de la marmite de Papin ». Papin avait déjà indiqué que,
sous pression dans un autoclave, l'eau, sans addition d'aucun
acide, dissout la gélatine des os. Mais le certificat d'addition du
7 janvier 1817 du brevet d'Arcet constate que la colle ainsi
obtenue ne prend plus en gelée ; d'autre part, un brevet Boby du
5 brumaire an II constatait que l'ébullition de la *poudre d'os*
sous pression donnait un bouillon prenant en gelée. L'obtention de colle prenant en gelée par la marmite de Papin avec des
os en morceaux était donc un problème à résoudre. La solution
qui devait donner une colle d'un prix de revient bien inférieur
à celui du procédé à l'acide chlorhydrique avait une grande
importance. Aussi est-il décidé que si on réussit, Jean-François
Coignet quittera Saint-Etienne et viendra à Lyon s'occuper de
la fabrique, à la grande joie de sa femme, qui, en bonne lyonnaise, n'avait pas pu s'habituer à la ville de Saint-Etienne.

*Extrait d'une lettre du 30 juillet 1821, de Mme Coignet
à sa mère :*

Mon mari m'a fait part d'une nouvelle bien plus agréable : il m'a dit
que l'on faisait une marmite à papin et que, dans quinze jours, un mois,
je saurais mon sort. Ce sera bien temps. Je t'assure que je ne vis qu'à
moitié depuis que je suis dans cette cruelle incertitude.

*Extrait d'une lettre du 31 juillet 1821, de Laurent
Dupasquier à sa sœur Mme Coignet.*

Quant à l'essai dont tu parles, nous en avons causé avec M. Gentelet
dimanche et il a promis de nous en procurer une (marmite) pour faire
un essai avant que d'en faire une. Sois persuadée que nous y mettrons
toute la diligence possible.

Du 17 août 1821 :

Nous attendons de jour en jour la marmite. Aussitôt arrivée, nous vous en ferons part.

Extrait d'une lettre du 27 août 1821, de Mme Coignet à sa mère.

Je ne sais s'il faut attribuer le retard de vos nouvelles au départ de mon mari, mais j'en attends depuis huit jours inutilement ; cela me donne de grandes craintes sur la réussite de cette nouvelle machine.

. . . .

N'oublie pas aussi de me parler de cette marmite.

Ces expériences donnèrent des résultats suffisants pour que Jean-François Coignet se décidât à revenir définitivement à Lyon, laissant sa droguerie à son frère Jean-Baptiste Coignet.

Société Vve Dupasquier, fils et Coignet.

Le 1er mai 1822, Mme Vve Dupasquier céda à son fils, Laurent Dupasquier, sa droguerie de la rue de l'Hôpital et sa fabrique d'ostéocolle de Saint-Rambert-l'Ile-Barbe. A cet effet, elle s'engage, dans un sous-seing privé, à consentir à son fils, Laurent Dupasquier, un bail de sa maison de Saint-Rambert (qui, d'abord louée, avait été achetée depuis peu) où est établie la fabrique d'ostéocolle. Le fonds commercial et industriel, objet de cette cession, est estimé 3o.ooo francs.

Laurent Dupasquier et son beau-frère Jean-François Coignet s'associent alors à cette même date et régularisent leur association par un acte sous-seing privé en date du 1er février 1823, enregistré le 11 du même mois.

Dans cet acte, qui constate que la Société a commencé par accord verbal le 1er mai 1822, le capital est porté à 6o.ooo francs par l'apport de 3o.ooo francs en espèces de Jean-François Coignet.

La Société est constituée pour neuf années, sous la raison sociale : Vve Dupasquier, fils et Coignet.

Il est attribué, à titre d'émoluments, 2000 francs à chaque associé, et 800 francs à Mme Elisabeth Dupasquier, épouse du sieur Coignet, chargée de la comptabilité.

L'année suivante, Laurent Dupasquier se fit recevoir pharmacien[1] (7 octobre 1824). La droguerie de la rue de l'Hôpital n'avait jamais cessé d'avoir une pharmacie annexée ; Mme Vve Dupasquier avait sans doute un accord avec un pharmacien titulaire. Désormais, Laurent Dupasquier peut gérer directement la pharmacie.

Il est reçu l'année suivante (24 février 1825), membre de la Société de pharmacie de Lyon et en reçoit le diplôme dont nous reproduisons en annexe le curieux fac-similé[2].

Dossier de la demande d'autorisation de la fabrique de Saint-Rambert.

Pendant ce temps, la fabrique de colle de Saint-Rambert continue ses progrès. Le dossier de la demande d'autorisation comme établissement insalubre, qui est à la Préfecture du Rhône, renferme de précieux renseignements sur la marche de cette fabrique. En voici l'analyse :

La fabrique avait commencé à fonctionner dès le 1er avril 1818, sans demander aucune autorisation. Mais, sur la plainte de divers voisins, le maire de Saint-Rambert décide la fermeture de l'usine (22 août 1818) et sa décision est approuvée par le Préfet (8 septembre 1818), qui ordonne d'instruire l'affaire suivant la loi concernant les établissements insalubres et commet M. Grognier, professeur à l'École vétérinaire, pour examiner dans quelle classe on doit ranger cette fabrique.

---

[1] Voir le diplôme, annexe n° 2.
[2] Voir les annexes 3 et 4.

Parmi les plaintes de voisins figure celle d'un sieur André qui supplie « d'éloigner du port un bateau d'os charnus qui infectent tout le rivage. » Ceci montre que la fabrique lavait les os dans le courant de la Saône, au moyen d'un bateau sans doute analogue aux *plates* de Lyon.

Dans un rapport du 16 septembre 1818, M. Grognier conclut que la fabrique donne peu d'odeur, qu'elle ne s'alimente que d'os dépouillés de chair, qu'il faut prolonger le canal jusque dans le lit de la rivière et augmenter la hauteur de la cheminée.

Un mémoire de Vve Dupasquier, fils et Cie, adressé le 26 octobre 1818 au Conseil de préfecture du Rhône, expose que les pétitionnaires

.....ont fait la découverte d'un procédé à l'aide duquel ils convertissent les os en une *colle* qui jouit de toutes les propriétés de la colle de poisson que nous fournissent les nations voisines, et dont plusieurs autres font un assez fréquent usage...

Que, pour l'exécution de ce procédé, ils ont établi une fabrique à Saint-Rambert-l'Ile-Barbe, qui est en pleine activité depuis le 1er avril 1818 ; qu'ils n'ont pu demander jusqu'ici d'autorisation, n'étant pas classés comme établissement insalubre puisqu'ils exercent une invention nouvelle ; que devant l'injonction du maire de Saint-Rambert d'avoir à cesser leur industrie, ils demandent à être classés dans la deuxième classe et à être régulièrement autorisés.

Les opérations de cette industrie ne sont qu'au nombre de deux : faire cuire les os et y ajouter la substance[1] qui, lorsqu'ils sont cuits, les réduit à l'état de colle. Cette seconde opération se fait à froid ; elle n'occasionne donc point de vapeurs ; elle ne répand donc aucune odeur. Quant à la première, il s'exhale, il est vrai, des vapeurs de la chaudière qui est

---

[1] Cette substance est l'acide chlorhydrique, comme l'explique le brevet ; mais les pétitionnaires cherchent à garder le plus possible la chose secrète.

en ébullition ; mais ces vapeurs sont, sans contredit, moins chargées, moins grasses que celles du suif réduit à l'état de fusion pour la fabrication des chandelles, et pourtant les fabriques de chandelles ne sont que dans la troisième classe. ....Ne sont donc pas insalubres les vapeurs fournies par l'ébullition des os..... Il s'agit ici d'une découverte nouvelle, de l'agrandissement de l'industrie française, de diminuer la consommation des marchandises importées du dehors ; un tel établissement, de tels résultats ne sont pas indignes de votre protection.

Le Conseil de préfecture, par arrêté du 15 janvier 1819, autorise provisoirement la fabrique, et le Préfet en avise le Ministre par une lettre dn 26 janvier 1829, disant :

Les produits de la fabrique dont il s'agit sont nouveaux ; il peut en résulter un avantage pour le commerce français qu'il pourrait affranchir en partie du tribut qu'il paie à l'étranger pour cette branche d'industrie.

Un procès-verbal du maire de Saint-Rambert du 12 janvier 1819 dit que :

..... Vte Dupasquier est repréhensible d'avoir fait poser la pierre pour écraser les os et les mettre en farine pour leur fabrication de colle.

Ceci prouve qu'on a commencé par broyer les os, comme le porte le brevet primitif, et que ce n'est qu'en 1820, comme l'énonce le certificat d'addition au brevet et la lettre citée du 21 août 1820 que l'on a traité les os en morceaux.

Sur de nouvelles plaintes des voisins, le Préfet du Rhône nomme le 18 septembre 1823, trois experts, M. le docteur Sainte-Marie, M. Grognier, professeur à l'école vétérinaire, M. Tessier, professeur de chimie, membres du Conseil de salubrité.

Dans leur rapport du 28 novembre 1823, on lit :

L'ostéocolle sert à l'apprêt des étoffes tant de soie que de coton, à la clarification du vin et du café... Les os sortent des triperies; ceux de chevaux sont peu riches en gélatine et cette substance en serait extraite difficilement... Une plainte fondée est celle qui signale l'entrepôt des os en plein air... La première opération (ébullition) diffère peu de la marmite d'un grand établissement. Quant aux procédés qu'emploient les fabricants pour mêler en proportion déterminée de l'eau avec l'acide, pour retirer la gélatine, pour la blanchir, la soumettre à une dessiccation convenable, tous ces procédés sont des secrets qui leur appartiennent. Sans chercher à les dévoiler, nous avons reconnu qu'ils ne présentaient dans leur exécution rien d'insalubre ni même d'incommode.

Tous les os ne servent pas à l'extraction de la gélatine. Ces derniers sont envoyés à une fabrique autorisée de noir d'ivoire située plus loin que Saint-Rambert.

Ce rapport est adopté par le Conseil de salubrité le 7 mai 1824.

Le dernier paragraphe montre que l'industrie du noir d'ivoire ou noir animal (qu'on obtient en calcinant les os en vase clos) est antérieure à celle de la colle.

Un autre rapport se trouve au dossier. C'est celui de M. Chenavard, architecte, qui décrit ainsi l'usine :

Un hangar de 35 mètres sur 3^{m}3o, servant d'entrepôt... une chaudière à vapeur de 1^{m}6o de diamètre... La vapeur se rend dans une cuve en bois où sont fondus les os préparés... Une chaudière où on fait refondre la colle déjà dans la forme de gelée, à un très léger degré de chaleur, afin qu'elle n'entre pas en ébullition[1]. Une autre chaudière et sa cuve comme celles déjà décrites... Une chaudière destinée à faire réduire le résidu des os pour en former une colle noire. Elle sert aussi au nettoyage des os qui ne sont pas assez blancs.

Au milieu de la cour est un hangar ouvert pour étendre et faire sécher la colle confectionnée ainsi que les os qui ont passé par les acides, lesquels ne donnent aucune odeur.

A la suite de ces rapports, le Préfet du Rhône prend un arrêté à la date du 28 juin 1824, autorisant définitivement la fabrique[2].

Mais le maire de Saint-Rambert, qui ne veut décidément pas

[1] Cette opération devait avoir pour but de clarifier la colle.
[2] Voir l'annexe n° 5.

d'industrie dans sa commune, continue son opposition. Sur un procès-verbal du 26 octobre 1824, disant que Vᵛᵉ Dupasquier fait de la colle forte, il obtient un arrêté du Préfet du 3o octobre 1824, suspendant provisoirement la fabrique.

Nouvelles démarches de la Société Vᵛᵉ Dupasquier, fils et Coignet, qui écrit :

Nous n'avons que deux saisons, le printemps et une partie de l'automne, qui soient favorables à notre travail; les grandes chaleurs et les grands froids nous forcent également à rentrer dans l'inaction.

Cette lettre est importante pour montrer les difficultés de cette industrie, auxquelles certaines fabriques, comme celles de Marseille, sont encore assujetties. On sait que toutes les fabriques importantes aujourd'hui échappent à l'influence des saisons par l'emploi de séchoirs chauffés à l'air chaud et munis de ventilateurs mécaniques.

La même lettre parle d'une nouvelle concurrence :

Une autre fabrique établie par le sieur Weishault, à l'imitation de la nôtre et au moyen des ouvriers qu'on nous a enlevés, continue tranquillement ses travaux, depuis deux ou trois ans, et cependant elle est plus rapprochée de l'intérieur du village et n'a aucune espèce d'autorisation.

Sur un rapport de M. Chenavard, constatant que toutes les conditions imposées par l'arrêté d'autorisation du 28 juin 1824 ont été remplies, le préfet donne main-levée de l'arrêté de suspension (29 novembre 1824).

Mais le maire de Saint-Rambert fait un nouveau procès-verbal (7 février 1825) et saisit de la colle noire. Il se fait appuyer par le maire de Lyon, qui écrit qu'en se rendant au Vernay, à la propriété de la ville située en face de Saint-Rambert, il a perçu la mauvaise odeur de la fabrique.

Nouvelle lettre de Vᵛᵉ Dupasquier, fils et Coignet, du 7 mars 1825, adressée au préfet du Rhône :

A en juger par l'apparence extérieure, on peut confondre nos différentes qualités de colles d'os avec les colles fortes fabriquées dans divers pays ; vous en pouvez juger par la comparaison des échantillons que nous mettons sous vos yeux ; et cependant elles diffèrent essentiellement sous le rapport de leur fabrication et de leur emploi dans les arts.

On nous accuse de nous servir du voile de la fabrication d'une prétendue colle d'os, pour faire réellement de la colle forte.

M. Thénard, dans la 4ᵉ édition de son *Traité de chimie* de 1824, dit que « la colle forte se prépare avec des rognures de peaux, de parchemins, des oreilles de bœuf, de chevaux, des tendons et autres matières animales molles, qu'on fait détremper dans l'eau et fondre par une longue ébullition ».

La colle d'os, quelle que soit sa couleur, diffère encore des colles fortes ordinaires par sa nature et ses usages. Celle qui est blanche ou peu colorée sert à apprêter les étoffes, en remplacement de la colle de poisson, de la gomme adragante et de la gomme arabique qui s'employaient auparavant. Celle qui est brune et noire, quoique ayant l'apparence extérieure de la colle forte ordinaire, est d'un usage bien plus avantageux, et constitue une substance tout à fait différente, ainsi que l'atteste un certificat joint à ce mémoire et signé par les principaux fabricants et apprêteurs de chapeaux de la ville de Lyon.

Nous n'employons que des os bouillis, secs et ne contenant aucune portion de matières molles.

La suspension même momentanée peut nous enlever ce que nous possédons et nous forcer de manquer à nos engagements. Vous êtes trop juste, M. le Comte (Préfet), pour vouloir causer notre ruine et notre déshonneur.

Voici le certificat des fabricants de chapeaux joint à cette lettre :

Nous soussignés, fabricants et apprêteurs de chapeaux, certifions que l'ostéocolle ou colle d'os, brune et noire, que fabriquent MM. Vᵛᵉ Dupasquier, fils et Coignet, quoique ayant l'apparence de la colle forte ordinaire, en diffère essentiellement par ses propriétés. L'apprêt qui résulte de son emploi est plus léger, plus souple et de meilleure qualité que celui obtenu par toutes les espèces quelconques de colle forte.

Nous certifions en outre que la colle d'os diffère encore de la colle forte, en ce qu'elle ne produit pas comme celle-ci une odeur désagréable en la faisant fondre.

  Le 3 Mars 1825.

Dubois oncle et neveu. Pesons et Falcony.
Naut frères et Cie. Decumy jeune.
Rivoire et Croizard aîné. Croz.

Ce certificat, outre des renseignements intéressants sur les qualités de l'ostéocolle, ou colle d'os, montre que cette nouvelle colle est définitivement entrée dans la consommation des apprêts pour étoffes et pour chapeaux.

FONDATION DE L'USINE DE BARABAN

Achat de l'usine de Baraban.

Devant la campagne de plaintes toujours renouvelées des habitants de Saint-Rambert-l'Ile-Barbe, la Société V^(re) Dupasquier, fils et Coignet résolut de transporter l'usine en un lieu plus propice, et acquit le 16 novembre 1827 d'un sieur Grillet un terrain de 1 hectare, 9 ares, 89 centiares, sur le territoire de Baraban[1], sur le chemin de Saint-Antoine. Cette parcelle de terrain, confinée par la propriété de V^(re) Girard, est actuellement cultivée par M. Neyret, dit l'acte de vente. Il n'y avait alors, en effet, aucune construction sur la rive gauche du Rhône en dehors du faubourg proprement dit de la Guillotière. Le prix du terrain ressort d'après l'acte de vente à 0 fr. 65 le mètre. Successivement agrandie par de nouvelles acquisitions en 1838, en 1849 et 1850, cette parcelle devait constituer l'usine actuelle de la Société Coignet et C^(ie), sise chemin de Baraban n° 52, et qui a une contenance de 21.840 mètres.

Un arrêté du 16 avril 1828 de M. le Préfet du Rhône autorise les sieurs Dupasquier et Coignet à établir sur ce terrain une fabrique de charbon animal disposée de manière à brûler la fumée, et une fabrique de gélatine ou colle d'os.

---

[1] Le nom de Baraban (orthographe actuelle) était écrit avec deux *r* dans l'acte de vente primitif.

On a vu qu'à Saint-Rambert il existait une fabrique de noir
d'ivoire à laquelle la fabrique de colle de Vve Dupasquier
livrait certains os impropres à faire la colle.

Noir animal.

L'éloignement de la nouvelle usine de toute fabrique de noir
décide Dupasquier et Coignet à monter eux-mêmes cette fabrication. Bientôt ils fabriquent le noir animal, non plus avec les
os *verts*, impropres à la fabrication de la colle, mais avec les
os dégélatinés dans la marmite de Papin. Ce dernier procédé,
qui avait été expérimenté à Saint-Rambert dès 1821, et pratiqué
dans cette usine à partir de 1822, comme l'affirme le préambule
de l'acte de société de 1855, fut amené à un point suffisant de
perfection à l'usine de Baraban, pour devenir le seul employé
pour la production de la colle forte d'os qui allait faire concurrence à la colle forte de peaux comme celle de Givet. Ce noir
d'os dégélatinés, quoique renfermant un peu moins de carbone
que le noir d'os verts, jouit néanmoins d'un pouvoir décolorant
presque égal, et pendant longtemps servit à écouler les os dégélatinés. Ce carbone provient de ce qu'en réalité les os ne sont
qu'en partie dégélatinés.

Colle de peaux.

Quant à la fabrication de la gélatine d'os, extraite par l'acide
chlorhydrique, elle fut continuée parallèlement. Mais en 1837,
Dupasquier et Coignet y joignirent la fabrication de la colle
de peau (autorisation préfectorale du 9 mars 1837). La peau,
traitée avec les mêmes soins que *l'osséine*, obtenue par l'action
de l'acide chlorhydrique sur les os, fournit non plus de la colle
forte (colle de Cologne, colle de Givet), mais de la gélatine
(colle de Flandre, grenetine de Rouen). Cette nouvelle fabrica-

tion fit peu après abandonner celle des os à l'acide chlorhydrique, dont il n'est plus fait mention dans la notice pour l'exposition de 1855, et qui ne devait être reprise qu'en 1869.

Sels ammoniacaux.

Cette même autorisation de 1837 autorise la fabrication des
sels ammoniacaux. Il est probable que Dupasquier et Coignet
eurent alors l'intention de recueillir l'ammoniaque qui se dégage
des os dans la fabrication du noir animal. Pour y arriver, au
lieu du procédé des *pots à noir*, il faut employer la distillation
en vases clos. Mais, soit qu'ils n'aient fait que des essais, soit
qu'ils aient rapidement renoncé à cette méthode, ils ne conser-
vèrent pas cette industrie.

PÉRIODE 1838-1846

La Société V^re Dupasquier, fils et Coignet, qui avait été constituée en 1822 pour neuf années entre les deux beaux-frères, Laurent Dupasquier et Jean-François Coignet, avait été prorogée par accord tacite jusqu'au 31 décembre 1837.

Les deux beaux-frères se séparèrent alors ; Jean-François Coignet qui avait associé à ses travaux depuis 1834 son fils aîné, François Coignet, né le 11 février 1814, et plus tard son plus jeune fils, Stéphane Coignet, né à Saint-Etienne le 11 avril 1820, tous deux élèves de l'Ecole de la Martinière, désirait entreprendre la fabrication d'un produit nouveau, le phosphore. Laurent Dupasquier préféra se retirer ; il garda la pharmacie, qu'il vendit en 1839 ; il se fit depuis agent de change et est mort en 1880.

La dissolution de la Société fut faite par acte notarié du 16 janvier 1838 ; Jean-François Coignet resta seul propriétaire de la fabrique de Baraban, qui est estimée dans un sous-seing privé suivant détail ci-après :

Actif de la Société en 1838.

Valeur du terrain et des bâtiments .	fr.	47.338	»
Ustensiles	—	47.055	»
Marchandises	—	41.518	20
Total	fr.	135.911	20

Il y a, en outre, des débiteurs pour 45.731 fr. 90. Le capital de l'affaire était donc de 181.643 fr. 10.

Lors de sa formation, en 1823, la Société était partie avec un capital de 60.000 francs. L'industrie de la colle d'os, malgré ses débuts pénibles, avait donc réussi. Elle devait rester l'industrie fondamentale de la maison Coignet et ne jamais cesser de grandir.

Phosphore.

De 1838 à 1846, Jean-François Coignet et ses deux fils vont implanter à Lyon l'industrie du phosphore (autorisation administrative du 3 janvier 1844).

L'utilisation des os dégélatinés dans la fabrication du noir animal devenait insuffisante avec l'augmentation de la production. On fabriqua alors des os incinérés à blanc pour la fabrication de la porcelaine dite anglaise, pour celle des cristaux opaques et pour les usages pharmaceutiques. Mais ce n'était là qu'un emploi restreint. Au contraire, l'invention des allumettes phosphorées, qui venaient d'être rendues pratiques par Preshel à Vienne (Autriche) (1837), offrait aux os dégélatinés un écoulement assuré et rémunérateur dans la fabrication du phosphore.

Le phosphore n'était jusque-là qu'un objet de laboratoire. Une facture de la droguerie Vve Dupasquier, du 7 juin 1821, montre que le phosphore valait alors, en droguerie, 45 francs la livre, soit 90 francs le kilogramme.

On trouve dans la notice pour l'exposition de 1855, déjà citée :

« En 1838, aussitôt après le commencement de la fabrication en grand, il tombe à 24 francs le kilogramme.

« En 1839, il ne valait plus que 12 francs.

« En 1840, il ne valait plus que 8 fr. 50, prix auquel il est resté et que nous n'avons pas changé depuis cette époque. »

Depuis cette époque, le prix du phosphore est tombé à 5 francs en 1879, et a oscillé depuis entre 4 et 5 francs.

Chlorate de potasse.

Dans cette même période (1838-1846), Jean-François Coignet et ses fils entreprirent également la fabrication du chlorate de potasse et des cyanures ferrurés (autorisation administrative du 3 janvier 1844).

Le chlorate de potasse était employé par les fabricants d'allumettes phosphorées en même temps que le phosphore. C'est sans doute ce qui donna l'idée de le fabriquer à l'usine de Baraban. Mais cette fabrication donna lieu seulement à des essais et fut vite abandonnée.

Prussiate de potasse.

Quant au prussiate jaune de potasse (cyanure ferreux), essayé dès 1844, il n'est monté en grand qu'en 1850. Ce produit, qui est employé dans la teinture et avait par conséquent un gros débouché à Lyon, se prépare par la réaction de la potasse sur des matières organiques azotées (corne, cuir, etc.). La fabrication de la colle d'os mettait ces matières à la portée de MM. Coignet, ce qui les engagea sans doute à entreprendre cette industrie.

Les débuts de ces industries nouvelles furent souvent difficiles. Des fabriques concurrentes s'étaient également fondées, notamment à Bouxvillers pour le phosphore. A un moment particulièrement difficile, Jean-François Coignet, pour réduire ses frais généraux, supprima son bureau et magasin de vente de la rue de l'Hôpital, 29, et alla habiter son usine avec ses quatre enfants. Mais il triompha bientôt de cette crise, et, étendant ses affaires, organisa un bureau de vente à Paris, 6, rue Neuve-Ménilmontant, en 1845 ; puis il rouvrit un bureau de vente à Lyon, 12, place de la Miséricorde.

L'étude technique de la fabrication du phosphore n'était pas sans danger, et elle devait coûter la perte d'un œil à M. François Coignet.

Testament de Jean-François Coignet.

Jean-François Coignet mourut le 5 mars 1846, à l'âge de cinquante-trois ans.

Dans son testament, en date du 24 février 1846, il s'exprime ainsi :

Je possède à la Guillotière une fabrique de produits chimiques que j'exploite depuis plusieurs années de concert avec mes deux fils Stéphane et Francis ; en 1837 ou 1838, j'ai contracté avec mon fils Francis une Société en participation pour l'exploitation de cette fabrique, dans laquelle la part de Francis a été fixée à un tiers. Cette Société qui a existé de fait, n'a jamais été écrite.....

Par suite du travail et de l'industrie de mes deux fils, cette fabrique donnant aujourd'hui des bénéfices considérables, qui sont hors de toute proportion avec sa valeur intrinsèque, si elle se vendait, je considérerais comme un malheur qu'elle fût licitée après ma mort ; je désire, au contraire, qu'elle soit le patrimoine commun de tous mes enfants.

D'un autre côté, Stéphane et Francis, ayant contribué à la prospérité de cet établissement, et étant plus capables de le faire marcher que leur sœur et leur frère Louis, qui y sont demeurés étrangers, il me paraît juste qu'ils continuent à l'administrer et le gouverner seuls.

.....Il devra être passé entre mes enfants aussitôt après mon décès un acte de Société sur les bases que je viens d'indiquer ; cet acte de Société sera fait pour un laps de dix années.... Cette Société sera en nom collectif pour Stéphane et Francis, et en commandite pour Emma et Louis.

Société Coignet père et fils.

Le 25 juin 1846, les quatre enfants Coignet contractèrent, par-devant Mᵉ Vuy, notaire à Lyon, une Société en commandite simple, suivant les indications du testament paternel.

François COIGNET
Né en 1814, mort en 1888.

Louis COIGNET
Né en 1810, mort en 1872.

Stéphane COIGNET
Né en 1820, mort en 1866.

Alexandre GLÉNARD
Professeur à la Faculté de Médecine de Lyon,
Né en 1818, mort en 1894.

La Société, en nom collectif à l'égard de MM. François et Stéphane Coignet, et en commandite à l'égard de Louis Coignet et de Mlle Emma Coignet, a une durée de dix années et neuf mois, du 1er avril 1846 au 31 décembre 1856. Elle a son siège à Lyon, place de la Miséricorde, n° 12.

La Société est créée sous la raison sociale de « COIGNET, PÈRE ET FILS ».

Nous relevons ce trait de mœurs commerciales que les enfants, par piété filiale, inscrivent le nom de leur père dans la raison sociale, après la mort de celui-ci. De même Laurent Dupasquier fils et Jean-François Coignet avaient adopté la raison sociale Vve Dupasquier, fils et Coignet, après la retraite de Mme veuve Dupasquier.

Les fils Coignet emploient même sur leur en-tête de lettres et en signant, la raison « JEAN-FRANÇOIS COIGNET PÈRE ET FILS » jusqu'en 1855, quoique l'acte notarié ne porte que Coignet père et fils.

Dans cet acte de société, le fonds social est fixé à 195.000 francs.

M. Louis Coignet, quoique simple commanditaire, entre dans la fabrique à titre d'employé supérieur, sous la direction et gérance de MM. François et Stéphane Coignet.

M. Louis Coignet, né en 1819, et second fils de Jean-François Coignet, avait en effet voulu d'abord embrasser la carrière militaire et fit campagne en Algérie. Entré dans les affaires en 1846, sous les ordres de ses frères, il devait en 1855 devenir gérant de la Société au même titre qu'eux.

Achat de l'usine d'Heyrieux.

Peu de temps avant sa mort, Jean-François Coignet avait acheté, par sous-seing privé, à un sieur Juillet, une fabrique de gélatine d'os, sise à la Guillotière, route d'Heyrieux, sur un terrain appartenant à un sieur Verzier. Cette fabrique avait été établie vers 1836 par un sieur Sauveton qui avait obtenu l'autorisation préfectorale d'établissement insalubre de 1re classe (14 février 1837). M. Juillet ayant voulu monter le phosphore, Jean-François Coignet s'était décidé à éteindre cette concurrence en achetant l'usine. Telle est l'origine de l'usine de colle et d'engrais, dite d'Heyrieux, que possède actuellement la Société Coignet et Cie.

L'acquisition de cette usine, sur laquelle Jean-François Coignet devait encore 30.000 francs à son décès, ne fut régularisée par acte authentique par la Société Coignet père et fils que le 24 décembre 1847 (acquisition Verzier de 8200 mètres). Successivement agrandie, l'usine occupe aujourd'hui 78.193 mètres, d'un seul tènement.

Si cette usine ne figure pas dans l'acte notarié de 1846, son acquisition n'étant pas régularisée, l'inventaire du 6 mars 1846, dressé pour le partage des héritiers Coignet, contient les renseignements les plus précis sur l'importance, à cette date, des deux usines :

Actif de la Société en 1846.

ACTIF AU 6 MARS 1846

1° Valeur du terrain de l'usine de Baraban. fr.	18.925	»
2° Bâtiments construits sur ce terrain . .	56.246	»
3° Machine à vapeur, générateurs de vapeur, chaudières, fourneaux, et tous ustensiles servant à la fabrication de Baraban, compris l'agencement du bureau de Lyon et de l'usine.	107.700	»
4° Matières premières et produits manufacturés dans l'usine de Baraban	59.021	12
5° Valeur du terrain de l'usine d'Heyrieux.	6.000	»
A REPORTER. . . . fr.	247.892	12

Report. . . . . fr.	247.892	12
6° Bâtiments construits sur ce terrain . .	14.750	»
7° Ustensiles achetés à M. Juillet avec le terrain et bâtiments ci-dessus	14.255	70
8° Ustensiles mis en place et ajoutés à ladite fabrique d'Heyrieux, depuis son acquisition.	5.972	50
9° Matières premières et produits manufacturés à l'inventaire dans la fabrique d'Heyrieux	8.156	22
10° Marchandises à l'inventaire dans la maison de Paris.	6.126	10
11° Agencements et ustensiles du bureau à Paris	1.000	»
12° Comptes débiteurs des associés. . .	18.803	15
13° Débiteurs commerciaux	74.988	90
14° Effets en portefeuille	10.276	95
15° Espèces en Caisse	219	97
Total. . . . . fr.	402.441	61

Si l'on rapproche cet inventaire de celui de 1838 (p. 28), qui montait à 181.643 fr. 10, on peut juger de l'effort accompli par Jean-François Coignet et ses deux fils de 1838 à 1846.

PÉRIODE 1846-1855

Dans cette période, la Société centralise la fabrication de la colle et gélatine à l'usine d'Heyrieux, laissant le phosphore et le prussiate de potasse à l'usine de Baraban.

Marques des colles.

C'est à cette époque que se constituent les dénominations et marques de fabrique des différentes qualités de colle. Dès l'année 1848, la maison Coignet inaugure l'habitude de timbrer chaque plaque de colle, au moins dans les qualités supérieures, pour donner à sa fabrication l'authenticité d'origine. Cette marque avait d'abord consisté dans le signe suivant : ⊠

Le 10 novembre 1848 on marque la colle Givet supérieure des lettres C P F, initiales (l'expression de Coignet père et fils, colle Givet est employée comme synonyme de colle forte).

Le 14 février 1849, voici les noms et les prix des colles alors fabriquées :

Colle C P F . . .	150 francs les 100 kilogrammes.
Colle Givet 1 . . .	125 —	—
Colle Givet 2 . . .	110 —	—
Colle de Lyon 1 . . .	85 —	—
Colle de Lyon 2 . . .	80 —	--

Bientôt après on substitue aux initiales C P F la marque Coignet Lyon.

Le 24 janvier 1850, voici la série des colles :

Colle gélatine . . .	170 francs les 100 kilogrammes.	
Colle C P F ou Coignet Lyon	130 —	—
Colle façon Givet 1. .	120 —	—
Colle façon Givet 2. .	105 —	—
Colle de Lyon . . .	85 --	—

On voit la préoccupation d'éviter toute confusion avec la véritable colle forte de Givet, fabriquée à Givet avec des peaux.

La dénomination de colle gélatine apparaît ici pour la première fois. Elle doit désormais désigner les colles supérieures fabriquées avec la peau ou avec l'osséine (résultat de l'attaque des os par l'acide chlorhydrique). Les qualités inférieures de cette catégorie sont désignées colle façon Flandre ou colles de Flandre, dénomination remplacée depuis 1872 par celle de collette.

A l'Exposition universelle de Paris de 1849, la maison Coignet père et fils avait obtenu une médaille d'argent.

Vers la fin de 1851, on appelle, en souvenir de cette récompense, la colle forte :

Colle Coignet, médaille d'argent 1849.

et nous avons la série (20 décembre 1851) :

Colle Coignet, médaille d'argent 1849.	130 francs.
Colle C P F.	125 —
Colle façon Givet	110 —
Colle de Lyon	85 —

Sur les plaques de colle, la marque de la colle Coignet médaille est constituée par un double cercle.

La dénomination « colle Coignet médaille d'argent 1849 » devient successivement « colle Coignet médaille d'argent » (20 décembre 1852), « colle Coignet médaille » (26 mai 1853), « colle médaille ».

Cette expression de colle médaille est désormais le nom de la colle forte de la première qualité, obtenue par le procédé de la marmite de Papin par la maison Coignet. Ce nom est tellement adopté par le commerce, que tous les concurrents qui ont depuis fabriqué ce genre de colle forte l'appellent « colle médaille ».

Les qualités au-dessous de la première s'appellent alors (26 mai 1853) :

Colle médaille.	130 francs.
Colle Coignet n° 1.	120 —
Colle façon Givet n° 1.	110 —
Colle façon Givet n° 2.	100 —
Colle de Lyon.	100 —

Puis la nouvelle fabrication s'affranchit définitivement du souvenir de Givet et nous avons la série (12 novembre 1854) :

Colle médaille.	140 francs.
Colle Coignet n° 1	130 —
Colle Coignet n° 2	120 —
Colle de Lyon	105 —

Mais le commerce faisant quelque confusion entre la colle médaille et la colle Coignet, on supprime cette deuxième marque, et nous avons en 1861 la série :

Colle médaille ;
Colle sans marque n° 1 ;
Colle sans marque n° 2 ;
Colle de Lyon,

qui devient en 1863 :

   Colle médaille ;
   Colle n° 1 ;
   Colle sans marque ;
   Colle de Lyon.

En 1862, par suite de perfectionnements dans la fabrication, on arrive à produire une colle forte supérieure à la colle médaille qu'on appelle « colle étoile ».

En novembre 1871 la dénomination de colle de Lyon pour désigner la colle la plus inférieure disparaît, et cette colle n'est plus appelée que colle sans marque, noire.

La maison Coignet ayant obtenu la médaille d'or, à l'Exposition universelle de Paris de 1878, appela désormais sa colle médaille « colle médaille d'or ».

Enfin, depuis la loi du 30 avril 1886, relative à l'usurpation des médailles et récompenses industrielles, elle a encore remanié ses marques de colles fortes qui sont aujourd'hui les suivantes (voir le tableau ci-contre).

Phosphore amorphe.

Cette même période 1846-1855 qui a vu le développement de l'industrie de la colle à l'usine d'Heyrieux, vit naître l'industrie du phosphore amorphe et du prussiate de potasse à l'usine de Baraban. Inventé en 1847 par Shrœtter, de Vienne (Autriche), le procédé industriel de transformation du phosphore blanc en phosphore amorphe avait été acquis par M. Arthur Albright, fabricant de chlorate de potasse à Oldbury, près de Birmingham. Ce dernier vendit à la Société Coignet père et fils la licence pour la France.

PRIX COURANT DES COLLES FORTES

MARQUES DE FABRIQUE DÉPOSÉES	PRIX les 100 kil.
Colle Etoile	150
Colle Grand Prix	130
Colle Médaille d'Or	110
Colle Médaille d'Argent . .	100
Colle forte C. P. F. et Cie. .	95
Colle sans marque	90

Création d'un bureau à Paris et d'une usine de Saint-Denis.

L'extension des affaires de la Société avait amené, avons-nous vu déjà, à créer un bureau commercial à Paris, vers 1845, rue Neuve-Ménilmontant n° 6. Ce bureau, transféré en 1850, rue Paradis-Marais n° 6, puis quai de Jemmapes, 220, vers l'année 1854, avait acquis une grande importance, à cause du débouché très important qu'offrait la place de Paris à la colle pour ébénisterie. La Société envoya M. Louis Coignet gérer ce bureau en 1849; puis M. François Coignet, l'aîné des associés, quitta définitivement Lyon en 1851 pour établir son domicile à Paris. Il géra d'abord le bureau commercial, son frère Louis étant retourné à Lyon. Bientôt après, il décida ses frères à fonder à Saint-Denis, près de Paris, une usine similaire de celle d'Heyrieux.

Fondation de la Société Coignet père et fils et Cie.

Cette extension d'affaires amena une modification importante dans la Société. Mlle Emma Coignet, commanditaire de la Société depuis 1846, avait épousé en 1848 son cousin M. Alexandre Glénard, neveu de Mme Françoise Dupasquier fondatrice de l'usine de Saint-Rambert. M. Glénard, devenu professeur de chimie à l'Ecole de médecine de Lyon, préféra que Mme Glénard se retirât de la Société, qui fut dissoute par acte notarié du 14 octobre 1854.

Il fut alors reconstitué une Société entre les trois frères, dans laquelle M. Louis Coignet, précédemment simple commanditaire, entra comme associé en nom collectif. Ils adoptèrent la forme de Société en commandite par actions, sous la raison sociale Coignet père et fils et Cie et en déposèrent les statuts chez M. Morand, notaire à Lyon, par un acte en date du 26 février 1855.

Les fondateurs font précéder leur acte de Société de l'exposé suivant, qui résume l'histoire que nous venons de développer :

EXPOSÉ

En mil huit cent dix-huit, une fabrique de produits chimiques, ayant pour but spécialement la fabrication de la gélatine, a été fondée à Lyon par Mme veuve Dupasquier.

En mil huit cent vingt-deux, M. Jean-François Coignet père s'associa avec M. Laurent Dupasquier et ils adjoignirent à la fabrication de la gélatine, celle de la colle forte obtenue des os par la chaudière autoclave et celle du noir animal.

En mil huit cent trente-huit, une nouvelle Société fut formée entre M. Jean-François Coignet père et son fils aîné, François Coignet. Cette Société nouvelle adjoignit à la fabrication de la gélatine, de la colle forte et du noir animal, celle du phosphore et de la colle de peaux.

En mil huit cent quarante-six, par suite du décès de M. Jean-François Coignet père, une nouvelle Société fut formée entre MM. François Coignet fils aîné et ses frères et sœur : Stéphane Coignet, Louis Coignet et Emma Coignet.

Cette Société continua la fabrication de tous les produits susnommés, mais en y adjoignant celle du prussiate de potasse et du phosphore amorphe.

Par suite de la retraite d'Emma Coignet, épouse d'Alexandre Glénard, cette deuxième Société a été dissoute par un acte à la date du quatorze octobre dernier reçu par Me Deloche et son collègue, notaires à Lyon.

A la suite de cette dissolution, les associés restants : MM. François Coignet, Stéphane Coignet et Louis Coignet, considérant que de mil huit cent dix-huit à mil huit cent cinquante-quatre, l'industrie qu'ils exploitent a acquis une très grande importance, soit par le chiffre annuel des opérations, soit par le développement des moyens de fabrication, soit enfin par la perfection de leurs procédés industriels, qui a acquis à leur maison une juste réputation, ont décidé qu'une nouvelle Société serait formée.

Les apports, évalués 1.500.000 francs, sont faits par MM. François Coignet, Stéphane Coignet et Louis Coignet, et consistent dans l'actif de la précédente Société Coignet père

et fils, déduction faite de son passif et de la part revenant à
Mme Glénard dans la liquidation de cette Société.

Ces apports comprennent les trois usines de Baraban,
d'Heyrieux, de Saint-Denis, terrain, bâtiments et ustensiles,
évaluées dans l'acte de dissolution de la précédente Société
(15 août 1854).

Usine de Baraban.	fr. 196.740	»
Usine d'Heyrieux	— 181.153	»
Usine de Saint-Denis.	— 54.834	»
Les marchandises sont évaluées pour.	— 273.143	»
Les débiteurs pour.	— 151.925	»
Le total de l'actif est donc de. . .	fr. 857.795	»

Le reste de l'apport est constitué par le brevet pour la
France de la fabrication du phosphore amorphe, les procédés
de fabrication, marques de fabrique et clientèle.

Si l'on rapproche ces différents chiffres de l'inventaire de 1846
(page 33) on juge du développement progressif de la maison
Coignet.

Au reste, pour bien permettre d'apprécier la situation de
cette industrie en 1851, nous publions en annexe [1] la notice
remise à MM. les membres du Jury de l'Exposition universelle
de Paris de 1855 qui devait décerner à la Société une médaille
de 1re classe.

---

[1] Voir l'annexe n° 6.

PÉRIODE 1855-1867

La Société en commandite par actions du 26 février 1855 n'est autre que la Société actuelle. Le capital qui était de 1.500.000 francs en 1855 est successivement porté à 2 millions le 4 février 1859, à 3.000.000 de francs le 3 juin 1865, à 3.500.000 francs (capital actuel) le 30 décembre 1867. La durée de la Société, primitivement fixée à 15 années est prorogée (9 avril 1858) jusqu'au 31 décembre 1904.

Pendant cette période (1855-1867), toutes les actions restent entre les mains des trois fondateurs et le Conseil de surveillance prévu aux statuts n'est pas constitué. La Société n'est régularisée qu'en 1867.

Au point de vue industriel, cette période est caractérisée par la construction et l'agrandissement de l'usine de Saint-Denis, par la création de l'industrie des bétons agglomérés, par l'entreprise à l'usine de Baraban de l'industrie des allumettes ; par l'abandon de l'industrie du prussiate de potasse, par des tentatives à cette même usine, bientôt abandonnées, de monter l'industrie des produits colorants dérivés de la houille ; enfin par la création de l'industrie des engrais.

Usine de Saint-Denis.

L'usine de Saint-Denis fut construite sur le modèle de celle d'Heyrieux, pour la fabrication de la colle forte par le procédé à l'autoclave, du noir animal par le procédé des pots à noir, et de la colle de peaux. On adopta seulement une meilleure disposition des ateliers et des ustensiles de dimensions plus grandes.

Bétons agglomérés.

M. François Coignet, chargé de cette construction, employa le béton de mâchefer qui était d'un usage général à Lyon. Voulant remplacer le mâchefer, qui lui faisait défaut, par du sable, il fut amené à étudier de près les conditions de prise des bétons, et prit un brevet d'invention le 29 mars 1855, suivi de plusieurs certificats d'addition, pour l'emploi des bétons agglomérés, système Coignet. Ce qui caractérisait ce système, c'était de mélanger par des moyens mécaniques les matières constituant les bétons, sables, mâchefers, pouzzolane, chaux et ciments, dans des proportions et un degré d'humidité déterminés, de façon à obtenir, non plus une pâte liquide et molle, comme on le faisait précédemment, mais une pâte pulvérulente ou poudre pâteuse, s'agglomérant sous le pilon.

M. François Coignet, de concert avec ses frères, organisa à l'usine de Saint-Denis un matériel de broyeurs et de moules pour être à même de faire, soit de la construction sur place, soit de la pierre artificielle avec ce nouveau béton. Cette industrie, paraissant susceptible d'une grande extension, MM. Coignet résolurent de la séparer complètement de leur industrie de produits chimiques. Ils formèrent pour son exploitation d'abord une Société en nom collectif, sous la raison sociale « François Coignet, ses frères et Cie » (31 janvier 1863), puis une Société à responsabilité limitée, au capital de 1 million de francs, sous le nom de « Société centrale des Bétons agglomérés, système Coignet ». (Acte de Société du 30 avril 1854, déposé chez Me Barre, notaire à Paris.)

La Société de produits chimiqnes cédait à la nouvelle Société 21.000 mètres de terrain, pris sur les terrains de son usine de Saint-Denis, des bâtiments et ustensiles, le tout moyennant 3oo.ooo francs payés en 6oo actions d'apport de la nouvelle Société.

Dès lors, la Société centrale des Bétons agglomérés, quoique administrée par les trois frères Coignet, a une existence complètement séparée de celle de la Société Coignet père et fils et Cie. Elle fait de grands travaux publics à Paris : le mur de soutènement du boulevard de l'Empereur, la caserne de la Cité, des travaux d'égout, des maisons de rapport, rue de Miroménil, 98, et rue de la Terrasse, et, plus tard, toute la portion de l'aqueduc de la Vanne, depuis et y compris le pont-aqueduc de Villeneuve-sur-Yonne, jusques et y compris la traversée de la forêt de Fontainebleau. Son capital, primitivement de 1 million avait été porté à 3.2oo.ooo francs. Mais, après le décès de MM. Stéphane Coignet et Louis Coignet, et la retraite de M. François Coignet, la Société liquida tous ses travaux, revendit à la Société Coignet père et fils en 1875 une partie des terrains et bâtiments qu'elle lui avait achetés à Saint-Denis, et resta Société immobilière, propriétaire des immeubles de la rue de la Terrasse. Les brevets étant tombés dans le domaine public, plusieurs entreprises ont continué à employer le béton aggloméré, soit dans leurs travaux, soit pour la fabrication des pierres artificielles ou carreaux comprimés. Nous citerons notamment la Société Edmond Coignet et Cie, 20, rue de Londres, à Paris (M. Edmond Coignet, ingénieur de l'Ecole centrale de Paris, est le second fils de M. François Coignet) qui, fondée par M. François Coignet, est l'héritière directe des procédés de la précédente Société ; la Société Paul Dubos et Cie, la Société Carré fils aîné et Cie.

Allumettes chimiques.

Pendant que M. François Coignet applique toute son activité à Paris à la construction de l'usine de Saint-Denis et à la création de l'industrie des bétons agglomérés, MM. Stéphane Coignet et Louis Coignet, restés à Lyon, s'appliquent à développer, le premier l'usine de Baraban, le second l'usine d'Heyrieux.

A l'usine de Baraban, à côté du prussiate de potasse et du phosphore, la Société entreprend l'industrie des allumettes.

Les allumettes au phosphore blanc sont très faciles à fabriquer, même dans des ateliers de famille. Il s'était donc monté à Lyon un grand nombre de petites fabriques à la suite de la mise en marche de la fabrique de phosphore de la maison Coignet (1838). Dans un rapport officiel au Conseil d'hygiène du département du Rhône, en date de l'année 1856 [1], M. Alexandre Glénard, professeur de chimie à l'Ecole de Médecine de Lyon, constatait qu'il existait à la Guillotière une vingtaine de fabriques, employant en moyenne cinq à huit ouvriers, la plupart dans des conditions d'hygiène déplorables. Aussi la terrible maladie causée par le phosphore blanc, la nécrose phosphorée, carie des os maxillaires, faisait-elle des ravages considérables dans cette population ouvrière. L'usine elle-même de phosphore de MM. Coignet n'avait donné jusqu'alors aucun cas de nécrose comme le constate ce rapport. Mais cette immunité ne devait pas toujours durer : plusieurs cas de nécrose éclatèrent ultérieurement dans l'usine Coignet, et ce n'est qu'à la suite de changements dans les procédés de fabrication apportés vers 1855 et surtout en 1891 qu'ils ont complètement disparu.

Mais si le danger de la nécrose dans la fabrique même du phosphore n'était pas encore reconnu en 1856, il l'était déjà, on vient de le voir, dans les fabriques d'allumettes. Aussi la découverte du phosphore amorphe ou phosphore rouge qui n'est plus vénéneux, ne répand pas de vapeurs, et ne donne pas la nécrose, fit-elle rechercher de tous côtés des procédés pour

[1] Voir l'annexe n° 7.

fabriquer des allumettes avec le phosphore amorphe. Malheureusement le chlorate de potasse forme avec le phosphore
amorphe un mélange explosible, et les premières tentatives donnèrent lieu à des accidents. La tentative de M. Camaille, fabricant à Paris, citée avec éloge dans la notice de
l'Exposition de 1855, n'avait pas réussi pour ce motif. La
maison Coignet elle-même fit de nombreuses tentatives dans
cet ordre d'idées, mais y renonça après un accident qui faillit
estropier son directeur, M. Martin. Le problème fut résolu par
l'invention des allumettes, dites suédoises ; dans ces allumettes
la pâte mise sur la tête des allumettes renferme le chlorate de
potasse et le phosphore amorphe est mis sur un frottoir spécial
sur lequel on frotte l'allumette pour l'enflammer.

La Société Coignet père et fils, qui fabriquait le phosphore
amorphe depuis plusieurs années, fit l'acquisition en 1856 d'un
brevet Landström, fabricant suédois, pour ce genre d'allumettes, et en entreprit la fabrication en France, dans son usine
de Baraban. M. Stéphane Coignet expose les avantages de cette
invention dans une communication qu'il fit le 19 décembre
1856 à la Société d'agriculture, histoire naturelle et arts utiles
de Lyon, dont il faisait partie[1].

Pour donner plus d'extension à cette fabrication, MM. Coignet forment, le 5 juin 1857, une Société spéciale en commandite par actions (statuts chez Mᵉ Deloche, notaire à Lyon),
au capital de 840.000 francs, sous la dénomination de « Société
des allumettes hygiéniques et de sûreté » et avec la raison
sociale de « Coignet frères et Cⁱᵉ ».

La Société Coignet père et fils apporte à cette nouvelle
Société, contre 750.000 francs d'actions d'apport, l'usine d'allumettes déjà ébauchée à Baraban, entre la fabrique de prussiate
et la fabrique de phosphore, et tous ses brevets concernant les
allumettes.

---

[1] Voir annexe, n° 8.

Parmi ces brevets, au nombre de cinq, outre le brevet Landström, dont nous venons de parler, figure un brevet acquis d'un sieur Hochslätter de Darmstadt, pour des allumettes à base d'iodure de phosphore, lesquelles ne donnèrent du reste pas de bons résultats.

En 1857, MM. Bombe de Villers essayèrent, à Lyon, d'appliquer le principe du brevet Landström en le modifiant légèrement. Ils appliquaient la pâte au phosphore amorphe non plus sur un frottoir spécial, mais à l'autre extrémité de l'allumette, qu'il fallait alors casser en deux pour frotter les deux extrémités l'une contre l'autre, afin de les enflammer; ils appelèrent cette allumette « allumette androgyne ». Ce procédé ne devait pas devenir pratique.

MM. Coignet firent un procès en nullité de brevet contre MM. Bombe de Villers. Le jugement du Tribunal constata que le principe du brevet Landström avait été publié en Allemagne et que tous les brevets concernant ce principe étaient dans le domaine public.

MM. Coignet restèrent néanmoins les seuls fabricants, en France, d'allumettes au phosphore amorphe, leurs allumettes ayant atteint une grande régularité.

Les Conseils de salubrité de Paris, de Lyon et de la plupart des grandes villes de France en recommandèrent l'emploi. Plusieurs administrations civiles et militaires et les compagnies de chemins de fer en prescrivirent l'emploi à leur personnel par mesure de sécurité. Nous citerons la circulaire ministérielle du 5 août 1859, qui rendit obligatoire l'usage de ces allumettes dans les casernes [1].

Nous reproduisons [2] le prix courant de 1861 qui montre toutes les qualités d'allumettes alors fabriquées.

[1] Annexe n° 9.
[2] Annexe n° 10.

Produits colorants

Dans cette même période 1855-1867, se place une série de tentatives pour monter l'industrie des produits colorants à l'usine de Baraban.

Il n'est pas étonnant que dans un milieu comme Lyon, où la teinture prenait chaque jour des développements, des fabricants de produits chimiques, qui avaient fait preuve de tant d'initiative, essayassent cette industrie. Dès 1844, ils songeaient à triturer les bois de teinture et faisaient des essais sur le bleu de Prusse et le prussiate de potasse. On a vu qu'une fabrication importante de ce produit fonctionna à partir de 1850.

En 1860, MM. Coignet font de nombreux essais pour fabriquer du violet d'aniline. Un brevet est pris pour une nouvelle préparation du vert de Chine. On organise un lavage et une calcination du sulfate de chaux (résidu obtenu dans la fabrication du phosphore) pour avoir un blanc impalpable.

Pour ces fabrications, MM. Coignet ébauchent (1860) une association en participation avec leur beau-frère, M. Alexandre Glénard, professeur de chimie à l'Ecole de médecine, qui doit avoir la surveillance du laboratoire de la Société et par conséquent des essais qui s'y poursuivent.

Ci-après quelques extraits de correspondances relatives à ces essais :

Extrait d'une lettre de M. Stéphane Coignet à M. Glénard, en date du 12 mai 1860 :

Le contremaître coloriste chargé de ces essais n'a pu évaluer notre produit comparativement à celui de M. Poirrier dont les résultats sont satisfaisants.

Je t'adresse les échantillons qui nous ont été remis :

A. Produit de M. Poirrier, on doit m'en remettre.

B. Notre produit pris à 2 francs le gramme et pour le même argent que celui A.

Il y a plus d'intensité pour A et une nuance plus éclatante et un peu plus rouge.

L A 8, L A 12, L A 14, sont trois essais faits avec notre produit.

L'intensité de A est plus faible que L A 8 et supérieure à L A 12.

Il me semble que les opérations au chlorure te donnaient un produit moins bleu qu'au sulfate et que tu le trouvais plus éclatant ; seulement elles avaient un peu moins rendu.

L'échantillon A de M. Poirrier est ce que M. Maheux a trouvé de mieux, de plus régulier jusqu'à présent. Avec une nuance aussi belle on ferait des affaires. Je crois que toute la différence vient de la nuance plus ou moins bleue et que l'éclat provient de là.

Extrait d'une lettre de M. Alexandre Glénard à M. Stéphane Coignet, répondant à la précédente :

A mon avis le problème de l'obtention d'une couleur pure et aussi belle que celle de Poirrier est résolu ; mais la question du rendement n'est point encore fixée d'une manière nette. Voici, pour ce dernier point, ce qu'il y aurait encore à faire.

1º Une opération en grand sur de l'aniline de Chevallier ou de Mulaton en opérant comme il suit : on dissoudrait l'aniline par l'acide *sulfurique*. On ferait réagir le bichromate dans les proportions de 80 à 90 comme pour le dernier essai. On ne *saturerait pas* le produit par la soude ; on ne filtrerait que froid, il n'est pas nécessaire de laver à fond. La masse solide résultant de la réaction serait soumise à l'ébullition soit avec de l'eau ordinaire, soit avec de l'eau distillée, jusqu'à épuisement. Les eaux colorées seraient précipitées par la soude. Le produit, récolté sur des toiles et sans attendre un égouttage complet, serait repris par l'eau distillée et précipité de nouveau. On laissera égoutter vingt-quatre heures la nouvelle pâte ou produit pur, que l'on pèsera et que l'on fermera ; je l'examinerai à mon retour.

2º Une opération dans les mêmes conditions sur de l'aniline Poirrier. Seulement on ne reprendra que la moitié du premier précipité par l'eau distillée. Il est possible que cette aniline, qui donne par l'acide chlorhydrique un produit passable au point de vue du rouge, le donne meilleur que l'acide sulfurique...

De la sorte on aura une idée, je crois, très nette, du rendement que l'on peut obtenir en matière pure de la quantité d'aniline employée ; et s'il est impossible, comme vous paraissez le croire, de placer des produits autres que celui de Poirrier, l'affaire sera jugée, et si le rendement n'est pas suffisamment rémunérateur, je crois qu'il n'y aura plus qu'à renoncer définitivement ou à chercher quelque combinaison capable de faire rentrer l'aniline à meilleur marché, ou de diminuer les frais qui pèsent sur cette production ; combinaison que je livre à tes réflexions et à ton esprit investigateur.

Voici encore quelques essais en petit que je prie Dériard (le directeur de l'usine de Baraban) d'exécuter :

1° Un essai sur 100 grammes d'aniline de Louche par l'acide sulfurique (sans saturer). Peser la pâte obtenue, la reprendre par l'eau distillée, précipiter et peser.

2° Un essai d'aniline Poirrier par l'acide chlorhydrique (sans saturer), peser la pâte, reprendre par l'eau.

3° Un essai d'aniline Poirrier par l'acide sulfurique en saturant d'avance par la soude.

Extrait d'une lettre de M. Louis Coignet à MM. François et Stéphane Coignet, en date du 16 novembre 1860 :

Les matières colorées se comportent très bien à l'huile et au vernis, seulement elles ne sont pas assez fines.

Pour les employer à l'eau et à la colle, elles sont également très bonnes sauf la finesse qui manque.

Restent les applications aux diverses impressions. Le sulfate de chaux calciné et lavé n'est pas bon en peinture ; seul, il va bien, mélangé à de certaines couleurs : brun, rouge, gris, etc.

A la colle et à l'eau, il ira très bien pour les papiers peints. Nous trouverons là un grand débouché à 4 fr. 5o et 6 francs les 100 kilogrammes, ce qui nous permettra de gagner près de 20 francs par mètre.

Mêlé aux ocres pour les badigeonnages il fait très bien.

Voilà pour ces divers articles ce que je puis vous donner comme positif.

Le prix de calcinage est connu, le prix du lavage peut s'apprécier, le tamisage se fait en même temps. Il restera le séchage, mais une turbine nous donnera, je crois, satisfaction.

Les blancs les plus communs (craies de Bougival) valent 3 fr. 5o les 100 kilogrammes, 2 fr. 5o de transport, ce qui met à 6 francs ; mais ce blanc est lourd, jaune, et difficile à *écraser fin*.

Pendant que Stéphane est à Paris, il faut qu'il termine le prix du violet ; nous avons la nuance, un rendement de 1250 grammes de violet pur pour 10 kilogrammes d'aniline...

Extrait d'une lettre de M. Stéphane Coignet à M. A. Glénard, en date du 28 février 1861.

Je voudrais pour le violet avoir une bonne solution à t'annoncer ; malheureusement le silence de Dériard est pour toi plus éloquent que ce qu'il pourrait t'annoncer.

Les brillants rendements ne sont qu'apparents et se composent en grande partie de sels ou substances étrangères à la couleur : il faut trois parties pour égaler l'intensité de Monnet et Poirrier, soit 6 contre 2. Ensuite la beauté laisse bien à désirer ; le rouge domine toujours et on n'a pu refaire à souhait les nuances des n°s 2 et 4 que tu connais.

Dans ce procédé il y a de très bonnes choses et quand tu pourras résumer les différents résultats obtenus, je crois bien que tu en déduiras une nouvelle marche.

Il y a certains points bien définis et qui te serviront certainement de jalons.

J'ai conseillé à Dériard de poursuivre ses petits essais, et puisqu'il avait traité avec 40, 60, 80 et 90 de chromate, il fallait faire 100, 110, 120, afin de gagner du temps et de te fournir des éléments nouveaux.

Les eaux de dissolution donnent plus rouge que le produit précipité à la soude.

Il y a une série d'essais de précipitation ; il y a du produit évaporé sans précipitation.

Abandon du prussiate de potasse.

Ces insuccès doivent amener l'abandon de toutes ces fabrications. Celle même du prussiate de potasse avait été battue par la concurrence de la Société des Mines de Bouxvillers, et disparut en 1857. Par contre, les Mines de Bouxvillers abandonnent la fabrication du phosphore car elles étaient moins bien placées que la Société Coignet père et fils pour la matière

première, les os, et le débouché, les allumettes. Ainsi s'appliquait une fois de plus la grande loi économique de la division
du travail.

Adoption des essoreuses dans la fabrication du phosphore.

L'industrie du phosphore, en se développant, reçut un per-
fectionnemeut important en 1865, l'application des essoreuses
à la séparation du sulfate de chaux et de l'acide phosphorique.
Cette filtration mécanique, en donnant une économie de main-
d'œuvre, permit en outre d'augmenter facilement la production.

Engrais chimiques.

La Société Coignet père et fils obtenait dans son industrie de
la colle forte et du phosphore de grandes quantités d'os dégélatinés, de noir animal, de marc de colle et de plâtre phosphaté, c'est-à-dire une série de produits qui devaient être les
matières premières de l'industrie des engrais d'os qui forme
aujourd'hui une des branches principales de la Société. Mais à
cette époque (1855-1867), la science agricole était très peu
avancée. On employait bien comme engrais le noir animal, les
os pilés, le plâtre, mais sans se rendre compte des raisons qui
expliquaient leur vertu fertilisante. Il suffit pour s'en convaincre de parcourir le traité sur les engrais de M. Gustave Heuzé
(quatrième édition, 1862). L'emploi des résidus de raffinerie,
c'est-à-dire du noir animal ayant servi à la décoloration des
jus sucrés, s'était répandu dans toutes les terres granitiques
de la Bretagne, et Nantes était devenu l'entrepôt général du
commerce de ces résidus. Comment agissait ce noir dont
les bons résultats pour la végétation étaient certains? Est-
ce le phosphate de chaux dont le noir contient 70 o/o ou
l'azote de l'albumine du sang employé à la clarification des jus

sucrés et qui imprègnent les noirs, résidus de raffinerie, et dont la proportion n'était que de 1 à 1,42 pour cent d'après Bobierre, qui agissent sur la végétation ?

M. Heuzé cite les diverses opinions alors émises : Payen attribue toute la valeur fertilisante à la matière organique azotée et au pouvoir absorbant et désinfectant du charbon animal. Malaguti professe la même opinion. Ducoin ne reconnaît au phosphate de chaux que le rôle de sel calcaire. Au contraire, Moride et Bobierre, qui étaient à Nantes, au centre de la contrée employant ces noirs, pensent que le phosphate de chaux est assimilé par les plantes, et que leur assimilation est facilitée par la fermentation des matières organiques qui imprègnent le noir. M. Heuzé penche pour cette dernière opinion.

En ce qui concerne les os, M. Heuzé expose les opinions qui attribuent la vertu fertilisante à l'azote de la gélatine (Payen, Liebig) et celles qui l'attribuent aux sels calcaires (Puvis, Sprengel), et conclut, avec M. Hanman, que les deux principes agissent ; mais que c'est d'abord la partie animale qui agit, et que c'est après sa décomposition que le phosphate de chaux entre en action. Mais cette action du phosphate de chaux paraît être de second ordre et ne se produit pas dans les sols calcaires.

Cette appréciation est confirmée par M. Heuzé, à propos des phosphates fossiles ou minéraux, qui n'agissent bien, dit-il, que dans les terres riches en matières organiques, dans les terres tourbeuses et terres de bruyères.

C'est dans cet état de la science agronomique que MM. Coignet eurent le mérite de comprendre toute l'importance de la vertu fertilisante du phosphate de chaux, méconnue complètement par quelques savants, à peine acceptée par d'autres, comme on vient de le voir. Ils étaient confirmés dans cette manière de voir par les bons effets qu'obtenaient autour d'eux les agriculteurs qui employaient les poudres d'os ou le plâtre phosphaté. Au début de leur industrie, on l'a vu, les os dégélatinés étaient transformés en noir animal. Toutefois une portion était réduite en poudre et vendue à l'agriculture, notamment dans les environs de Saint-Etienne, où on connaissait depuis longtemps l'emploi des sciures d'os provenant des fabriques de manches de couteau de Thiers (Auvergne).

La fabrication du phosphore avait, à partir de 1838, consommé une grande partie des os dégélatinés ; mais elle avait donné un résidu, le plâtre phosphaté, qui était employé par l'agriculture au même titre que le plâtre ordinaire, dont l'action sur les légumineuses était connue depuis longtemps,

En 1859, MM. Coignet firent analyser leur plâtre phosphaté par M. Bobierre, qui leur répondit la lettre suivante :

ENSEIGNEMENT SUPÉRIEUR
ÉCOLE PRÉPARATOIRE
DES SCIENCES
DE NANTES

—

LABORATOIRE DE CHIMIE

Nantes, le 21 février 1859.

Messieurs Coignet Père et Fils, à LYON.

Conformément à votre désir, j'ai procédé à l'examen analytique du résidu de fabrication que vous m'avez fait parvenir.

Cette matière, d'un blanc légèrement grisâtre, ne renferme pas de phosphate acide de chaux. Mais l'action de l'acide sulfurique sur les os calcinés a vraisemblablement déterminé sur une petite portion de la masse, l'emprisonnement de la substance attaquable sous une enveloppe de sulfate de chaux. De là les portions de phosphate basique que l'analyse y décèle et dont l'agriculture peut tirer parti.

Voici les chiffres de mon expérience :

Humidité.	8 »
Charbon.	0 20
Sulfure de calcium	traces
Sulfate de chaux . . . . , . .	79 90
Sable.	3 90
Phosphate basique de chaux	8 »
	100 »

Je m'empresse de vous faire parvenir ce résultat et je vous préviens que j'aurai sous peu l'honneur de vous adresser une brochure contenant les leçons que je viens de professer au sujet du phosphate de chaux natif de France et d'Espagne.

A. BOBIERRE.
Docteur ès sciences.

MM. Coignet adoptèrent résolument les théories de M. Bobierre sur la valeur fertilisante de l'acide phosphorique, et lancèrent un prospectus en s'appuyant sur l'analyse que nous venons de citer, de M. Bobierre [1].

Persuadés que l'acide phosphorique et la matière organique animale n'avaient pas une action de présence, ne servaient pas d'excitant à la végétation comme beaucoup le pensaient alors, mais servaient vraiment de nourriture aux plantes, ils comprirent l'importance du dosage des engrais, acide phosphorique et azote, firent contrôler leur fabrication par les analyses de Malaguti, de Rennes, de Bobierre, de Nantes, et de Glénard, de Lyon, comme le montre le premier prospectus d'engrais [2]. Dans ce dernier prospectus, nous voyons trois engrais :

« Le guano artificiel pour céréales », qui n'est autre que l'os dégélatiné desséché.

« L'engrais pour prairies », qui est un mélange du précédent et de plâtre phosphaté.

« Le noir animal vierge pour défrichements ».

Désormais se trouve créée cette branche nouvelle des engrais chimiques, qui devait prendre ultérieurement de grands développements dans la maison Coignet et devait lui permettre de développer son industrie de la colle, indépendamment de celle du noir animal et du phosphore.

Entrepôt de charbons.

Le développement industriel que nous venons de retracer, amenait MM. Coignet père et fils à louer, en 1858 un entrepôt de charbons relié au chemin de fer Paris-Lyon-Méditerranée, cours Rambaud, à Perrache. Nous ne citons cette location que

---

[1] Voir annexe, n° 11.
[2] Voir annexe, n° 12.

comme indice du développement de la consommation de
charbon dans les deux usines de la Société ; car le bail fut
résilié au bout d'un an, sans doute parce que MM. Coignet
reconnurent qu'ils avaient avantage à s'adresser aux marchands
de charbons.

Immeuble rue Rabelais, 3.

En 1860 (16 janvier), la Société Coignet père et fils fit
l'acquisition de l'immeuble sis rue Rabelais, nº 3, où elle
avait ses bureaux depuis l'année 1854 environ.

PÉRIODE 1868-1871

Décès de M. Stéphane Coignet.

Le 1ᵉʳ novembre 1866, mourait M. Stéphane Coignet, le plus jeune des trois frères Coignet. M. Louis Coignet, qui avait dû, en 1864, aller habiter Paris, pour aider M. François Coignet, absorbé par le développement de l'industrie des bétons agglomérés, revint à Lyon en 1870, la présence à Lyon de simples directeurs (M. Simon Lamure à l'usine d'Heyrieux, M. Thiollier à celle de Baraban, M. Rainard au bureau), ne suffisant pas à la marche des affaires depuis le décès de M. Stéphane Coignet. A la même date (1866), entrait à l'usine de Saint-Denis comme directeur M. de Bonnard, ingénieur des Arts et Manufactures, qui devait devenir le gendre de M. Louis Coignet.

Le 31 décembre 1867, pour simplifier leur administration, MM. François Coignet et Louis Coignet avaient opéré la fusion des deux Sociétés Coignet père et fils et Cⁱᵉ (Société des produits chimiques) et Coignet frères et Cⁱᵉ (Société des allumettes).

Cette dernière, qui avait réduit son capital à 5oo.ooo francs (Assemblée du 29 décembre 1864), prononça sa dissolution en 1867 et apporta tout son actif à la Société Coignet père et fils et Cⁱᵉ moyennant 5oo.ooo francs d'actions. La Société Coignet père et fils et Cⁱᵉ augmenta alors son capital de 5oo.ooo francs, pour le porter à 3.5oo.ooo francs (capital actuel). Elle refondit en outre ses statuts, pour les rendre conformes à la loi du 24 juillet 1867; l'adjonction des actionnaires de la Société Coignet frères et Cie lui permit de constituer son Conseil de surveillance. Le premier Conseil fut composé de MM. Bizot-Loth, rentier, Biétrix, droguiste, Chevalier, constructeur de chaudières à vapeur.

Actif de la Société au 31 décembre 1867.

Le bilan, au 31 décembre 1867, de la Société, après la fusion avec la Société des allumettes, présente l'actif résumé suivant :

Immeuble, rue Rabelais, à Lyon . . . fr.	70.000	»
Mobiliers des bureaux à Paris et à Lyon	30.517	41
Usine de Saint-Denis	2.239.485	68
Usine d'Heyrieux	742.994	88
Usine de Baraban	667.493	72
Marchandises	1.219.789	12
Caisse, portefeuille, banque	73.776	38
Débiteurs	412.818	03
Titres (obligations de chemin de fer). .	200.000	»
Total . . . . . · fr.	5.656.875	22

Les bâtiments et ustensiles des usines sont portés ci-dessus pour leur prix coûtant. Ils sont amortis sur les livres de la façon suivante :

Usine de Saint-Denis . . . . fr.	550.486	31
Usine d'Heyrieux	200.551	51
Usine de Baraban	191.532	52
Total , ... fr.	942.570	34

Si l'on rapproche cet actif de celui de 402.441 fr. 61 qu'avait
la Société en 1846 (p. 33), on peut mesurer le chemin par-
couru par la Société Coignet père et fils et Cie dans cette période
(1846-1867), où les trois frères associés mettent leurs efforts en
commun et qui est caractérisée par la fondation et le développement prépondérant donné à l'usine de Saint-Denis.

Industrie des os traités par l'acide chlorhydrique.

En 1869, la Société entreprit de nouveau, sur une grande
échelle, l'industrie de la colle gélatine extraite des os par
l'acide chlorhydrique. Ce procédé, qui avait été, on l'a vu,
l'origine de la Société en 1818, avait été abandonné vers 1837
pour faire place à la fabrication de la colle de peaux. En
apportant des perfectionnements au lavage des os et à la neu-
tralisation complète de l'acide chlorhydrique, la Société Coignet père et fils obtint des colles aussi belles que les colles de
peaux et qu'on leur préfère pour certains emplois. Elle monta
à la fois un atelier à l'usine de Saint-Denis et un autre à Saint-
Fons dans un local qu'elle loua à MM. Perret et Olivier, prédécesseurs de la Société de Saint-Gobain (bail du 25 novembre
1868). Cet atelier avait l'avantage de recevoir par un simple
tube l'acide chlorhydrique produit à l'usine contiguë de
MM. Perret. Il envoyait l'osséine produite à l'usine d'Heyrieux, où on la transformait en gélatine.

Comme conséquence de cette installation, l'usine de Baraban cessa d'employer les cendres d'os comme matière première du phosphore et employa à la place le phosphate précipité produit à l'usine de Saint-Fons.

Allumettes au phosphore blanc.

A la même époque, la Société Coignet père et fils et Cie adjoignit

à sa fabrication d'allumettes hygiéniques au phosphore amorphe celle des allumettes ordinaires au phosphore blanc, soit
en bois, soit en bougie. Malgré les avantages incontestables de
l'allumette au phosphore amorphe au point de vue de l'hygiène
et de la sécurité, une partie du public avait persisté à préférer
l'ancienne allumette, s'enflammant partout par le frottement.
C'est ce qui détermina la Société Coignet père et fils et Cie d'en
entreprendre également la fabrication.

Guerre de 1870.

La guerre de 1870 amena l'arrêt momentané des usines.
Après la guerre survint une année d'activité exceptionnelle
qui rétablit la prospérité de la Société.

Décès de M. Louis Coignet.

Le 5 mars 1872 mourut M. Louis Coignet.

M. François Coignet, resté seul gérant de la Société Coignet
père et fils et Cie, envoya à Lyon comme directeur général son fils
aîné, M. Alphonse Coignet, ingénieur de l'Ecole centrale de
Paris, M. Joseph Coignet, fils aîné de M. Louis Coignet,
restant directeur de l'usine de Baraban.

M. François Coignet, habitant Paris, transporta à Paris le
siège social de la Société, tout en laissant à Lyon le siège de
l'assemblée des actionnaires et celui du Conseil de surveillance.
Déjà, en 1865, on avait créé un second siège social à Paris
(assemblée générale du 15 décembre 1865), et les statuts
refondus du 31 décembre 1867 portent :

« ART. 3. — La Société aura un seul siège social, provisoi-
« rement fixé à Lyon, et seulement une succursale à Paris,
« rue de Rome, 38. »

Une délibération de l'Assemblée du 7 février 1872,

décide que « le siège social de la Société est fixé à Paris, rue
« Lafayette, 13o, mais que les Assemblées générales conti-
« nueront d'avoir lieu à Lyon, ainsi que la vérification des écri-
« tures. »

Le bilan au 31 décembre 1871 présenta un actif de
5.947.564 fr. 44 qui, rapproché de celui du 31 décembre 1867
montre que le développement de la Société, quoique moins
rapide que dans la période précédente, s'est continué dans
cette période 1868-1871.

PÉRIODE 1872-1879

Cette période, où M. François Coignet est seul gérant, est
caractérisée par la disparition de l'industrie des allumettes,
par suite du monopole institué par l'Etat à son profit, par le
développement de l'industrie des engrais chimiques, et par
l'organisation de la vente directe par la Société de ses produits.

Expropriation par l'Etat de l'industrie des allumettes.

La loi du 4 septembre 1871 avait établi un impôt sur les
allumettes, qui était perçu au moyen d'une vignette de la régie
apposée sur chaque boîte d'allumettes. Sous prétexte de
réprimer la fraude qui s'exerçait contre cet impôt, l'Etat se fit
attribuer le monopole de la fabrication et de la vente des allumettes chimiques par la loi du 2 août 1872.

Des négociations furent entamées par la Société avec l'Etat
pour qu'elle fût chargée de la fabrication des allumettes dites
suédoises, qu'elle était seule à fabriquer en France, et qui
avaient formé longtemps sa spécialité. Mais ces négociations
n'aboutirent pas. Bien mieux, un procès s'engagea avec l'Etat
qui prétendait refuser tout droit à une indemnité d'expropria-
tion à la Société Coignet père et fils et Cie, sous prétexte qu'elle
n'avait pas l'autorisation administrative qu'elle aurait dû avoir

comme fabrique d'allumettes, classée dans les établissements insalubres de première classe. La Société Coignet père et fils et Cie en effet, ayant l'autorisation de première classe comme fabrique de phosphore depuis 1844, avait considéré la fabrication des allumettes comme l'accessoire de celle du phosphore et n'avait pas cru devoir demander une nouvelle autorisation.

La prétention de l'Etat fut repoussée par jugement du 26 novembre 1875 du Tribunal civil de Lyon, après la plaidoirie de Me Mathevon pour la Société Coignet père et fils et Cie. L'Etat fit appel ; mais l'affaire se termina par une transaction. L'Etat accorda une indemnité de 500.000 francs à la Société Coignet père et fils et Cie en lui laissant la fabrique elle-même.

Après la disparition de l'industrie des allumettes, les bâtiments consacrés à cette fabrication furent utilisés pour un agrandissement de l'industrie du phosphore, dont la Société Coignet père et fils et Cie augmenta l'exportation. Elle adopta pour le phosphore son ancienne marque de fabrique des allumettes, dont voici la reproduction :

Marque déposée du phosphore.

Engrais azotés torréfiés.

Les seuls engrais vendus jusqu'alors par la Société Coignet père et fils et Cie étaient, on l'a vu, la poudre d'os, le noir animal en poudre, le plâtre phosphaté, ou des mélanges de ces produits. Mais, comme la poudre d'os dégélatinés ne renferme

que 1 à 1,25 o/o d'azote, ces mélanges étaient trop pauvres
en azote. M. François Coignet imagina un procédé de torré-
faction des matières animales par la vapeur d'eau surchauffée
dans le courant des gaz d'un foyer, qui permit d'obtenir à l'état
pulvérulent les cornes, débris de cuirs, marcs de colle, os
verts, c'est-à-dire des engrais renfermant depuis 3 jusqu'à
14 o/o d'azote.

Superphosphates.

Les phosphates de chaux, même ceux des os, étant insolu-
bles dans l'eau, agissent peu dans les sols calcaires. De là était
née l'industrie des superphosphates, c'est-à-dire des phosphates rendus solubles par l'acide sulfurique. Cette industrie
des superphosphates avait commencé en Angleterre vers 1842.
Dans son traité des engrais de 1862, M. Heuzey rend compte
d'une visite qu'il fit en 1860 à Londres, à la fabrique de superphosphates minéraux et de superphosphates d'os de M. Jonas
Webb et annonce que la fabrique Webb va établir prochai-
nement à Paris un dépôt de son engrais, ce qui démontre
qu'à cette époque l'industrie des superphosphates n'existait pas
encore en France.

La Société de Saint-Gobain devait monter en 1872, en grand,
l'industrie des superphosphates minéraux, M. François Coignet
entreprit vers la même époque celle des superphosphates d'os.
Il n'offrit d'abord à la vente ce superphosphate que mélangé à
des poudres d'os et aux matières animales torréfiées dont nous
avons parlé plus haut.

C'est ainsi que la brochure de 1873 offre aux agriculteurs les
engrais suivants :

Plâtre phosphaté;
Poudre d'os;
Noir animal vierge;
Phosphate précipité;

Matière organique azotée à 10 o/o d'azote ;

Engrais A (7 d'azote, 3o de phosphate d'os) ;

Engrais B (5 d'azote, 25 de phosphate d'os dont les 2/3 à l'état de superphosphate soluble) ;

Engrais C (2 d'azote, 25 de phosphate d'os à l'état de superphosphate soluble, 8 de phosphate d'os insoluble) ;

Engrais des prairies (mélange de 35 de poudre d'os et 65 de plàtre phosphaté). Cet engrais était l'ancien engrais du prospectus de 1862, modifié dans ses proportions.

Engrais des vignes (mélange de 25 de matières animales torréfiées à 8 o/o d'azote et de 75 de plàtre phosphaté).

Des essais et analyses faits par M. Bobierre, de Nantes, MM. Schutzenberger, professeur à la Sorbonne, Houzeau de Rouen, Barral, directeur du *Journal de l'Agriculture*, Pétermann de Belgique, l'Ecole de Grand-Jouan, permirent à M. François Coignet de composer des formules rationnelles de ses engrais, et l'amenèrent à donner plus d'importance à la fabrication des superphosphates d'os.

La brochure de 1876 offre à l'agriculture le superphosphate d'os contenant 1 d'azote et 15 à 17 o/o d'acide phosphorique soluble, et, outre les engrais précédents à base de phosphate d'os insoluble, une nouvelle série à base de superphosphate d'os, où l'acide phosphorique est en totalité soluble et non plus seulement, comme en 1873, aux 2/3 ou aux 3/4.

Tous ces engrais sont garantis sans mélange de phosphates minéraux, principe que la maison Coignet a toujours suivi, considérant que sa situation de fabricant de colle forte l'obligeait à maintenir la fabrication des engrais en connexion avec celle de la colle forte, et que, pour éviter toute fraude de la part des intermédiaires, il convenait de laisser la fabrication des engrais à base de superphosphates minéraux se développer dans d'autres maisons et de ne faire aucun mélange entre les deux fabrications.

Maison de commerce.

Fondée sur ces principes, l'industrie des engrais d'os à base de superphosphates fut montée d'abord à l'usine de Saint-Denis, puis à l'usine d'Heyrieux, en 1876.

L'organisation de la vente des engrais exigea de grands efforts de publicité et ne fut possible que parce que M. François Coignet avait repris en 1871 la vente directe des produits qui, pendant toute la période de fondation et d'extension d'usine, de 1855 à 1871, avait été confiée à un commissionnaire de Paris, la maison Drouin. Pour organiser la vente des engrais, M. François Coignet utilisa le concours de son neveu, M. Joseph Coignet, que la disparition de l'industrie des allumettes rendait disponible. M. Joseph Coignet est resté chef de ce service jusqu'à sa mort en 1894. La vente des engrais atteignit 900 tonnes en 1875. Elle n'a cessé de se développer pour atteindre en 1898 le chiffre de 14.826 tonnes, sans compter 2500 tonnes de poudre d'os et 1385 tonnes de plâtre phosphaté.

Quant à la vente des produits chimiques, M. François Coignet mit à la tête de ce nouveau service, son gendre, M. Eugène Yung, ancien élève de l'Ecole normale de Paris.

Le 31 décembre 1878, le bilan de la Société présentait le résumé suivant :

Immeuble rue Rabelais, à Lyon . . . fr.	70.121	40
Mobilier des bureaux	18.137	80
Usine de Saint-Denis	2.206.214	23
Usine d'Heyrieux-Saint-Fons	1.040.377	19
Usine de Baraban	750,032	65
Marchandises	1.940.967	15
Débiteurs	281.139	37
Caisse, portefeuille, banquiers. . . .	281.870	17
Titres en depôt	309.400	»
TOTAL . . . . fr.	6.898.259	96

Les amortissements des usines montaient à cette date à 1.405.134 fr. 05.

Le total de l'actif n'était, en 1871 (31 décembre) que de 5.947.564 fr. 44. Il y avait donc eu un nouvel accroissement des affaires dans la période 1871-1879.

PÉRIODE 1879-1900

Sur la proposition de M. François Coignet, une Assemblée extraordinaire du 28 décembre 1878 adjoignit à M. François Coignet, comme cogérants : M. Alphonse Coignet, fils aîné de M. François Coignet, qui était, on l'a vu, directeur général des établissements de Lyon depuis 1872 ;

M. Yung, gendre de M. François Coignet, qui était directeur de la maison de commerce de Paris depuis la même année 1872 ;

M. de Bonnard, ingénieur des Arts et Manufactures, gendre de M. Louis Coignet et directeur de l'usine de Saint-Denis depuis 1866;

M. Jean Coignet, ancien élève de l'Ecole polytechnique, fils de M. Stéphane Coignet.

Les fonctions étaient ainsi réparties :

M. François Coignet était chargé de la présidence du Conseil de gérance ;

M. Alphonse Coignet de la direction des établissements de Lyon ;

M. Yung de la direction de la maison de commerce ;

M. de Bonnard de la direction de l'usine de colle de Saint-Denis ;

M. Jean Coignet de la direction de l'usine d'engrais de Saint-Denis.

M. François Coignet, né en 1814, était alors âgé de 54 ans. Il appelait ainsi à la gérance de la Société la quatrième génération à partir de sa grand'mère, Mme veuve Dupasquier, fondatrice de l'industrie de la colle d'os.

MM. Yung et Alphonse Coignet se retirèrent de la gérance de la Société en 1881. L'Assemblée nomma seulement un gérant en remplacement, M. Poindron, qui se retira à son tour au bout d'un an.

Cette année 1881, M. de Bonnard prit la direction de l'usine d'engrais comme de celle de colle à Saint-Denis ; M. Jean Coignet fut chargé de la direction de la maison de commerce ; M. Alphonse Coignet resta comme directeur général des établissements de Lyon, mais se retira définitivement de la Société à la fin de 1881, pour s'associer, à Lyon, à la maison Jacquand père et fils.

Le 3 mai 1882, l'Assemblée vota diverses modifications aux statuts. Elle réduisit le nombre des gérants à trois au maximum. Les trois gérants restants étaient :

M. François Coignet, président du Conseil de gérance ;

M. de Bonnard, chargé de la direction de l'usine de Saint-Denis et de la Maison de commerce de Paris ;

M. Jean Coignet, chargé de la direction des Usines de Lyon et de la Maison de commerce de Lyon.

Cette même Assemblée modifia la raison sociale, qui, de « Coignet père et fils et Cie », devint « Coignet et Cie », se conformant ainsi à la réalité, la gérance n'ayant plus M. Coignet père et M. Coignet fils comme associés.

M. François Coignet mourut le 30 octobre 1888, ce qui réduisit la gérance aux deux gérants actuels de la Société :

M. de Bonnard, à Paris, M. Jean Coignet, à Lyon.

Pendant qu'avaient lieu tous ces changements dans la gérance, le Conseil de surveillance, présidé par M. Alexandre Glénard (qui était président depuis 1877), eut un rôle assez actif et contribua à la bonne marche de la Société.

M. Glénard garda la présidence du Conseil de surveillance jusqu'à sa mort (avril 1894). Il a été remplacé à cette date par M. Colcombet, rentier à Lyon.

Dans cette période 1879-1900, qui a été presque entièrement sous la direction effective des deux gérants actuels, nous nous bornerons à signaler les points principaux qui ont marqué l'histoire de la Société.

Restauration de l'usine de Saint-Denis.

D'importants travaux de restauration et d'agrandissement de tous les ateliers furent entrepris dans l'usine de Saint-Denis et permirent de développer beaucoup la fabrication des deux produits principaux de la Société, les colles et gélatines et les engrais chimiques. Les perfectionnements apportés au séchage des colles en améliorèrent la qualité, et les simplifications apportées à la fabrication des engrais en facilitèrent l'extension. Avant d'entreprendre des travaux pareils à l'usine d'Heyrieux, la Société exécuta d'abord deux entreprises importantes, la construction d'un égout et celle d'un embranchement particulier, destinées à permettre une organisation plus moderne de cette usine et à assurer son développement.

Egout d'Heyrieux.

La Société Coignet et Cie donna une contribution de 36.000 francs au département du Rhône pour la construction d'un égout sous la route départementale de Lyon à Heyrieux, qui pût évacuer jusqu'au Rhône les eaux résiduelles de cette usine. La première section de cet égout fut construite en 1882, en béton aggloméré Coignet, sous la direction personnelle de M. François Coignet, la Société Coignet et Cie s'étant chargée de la construction de cette section, moyennant une somme de

3o.ooo francs fournie par le département. Le coût de cette section fut de 66.ooo francs, ce qui laissait 36.ooo francs à la charge de la Société Coignet et Cie.

Transport à Heyrieux de l'atelier de Saint-Fons.

Une fois l'égout construit, la Société Coignet et Cie transporta dans l'usine d'Heyrieux l'attaque des os par l'acide chlorhydrique, qui s'effectuait à Saint-Fons, depuis 1869, dans un atelier loué à la Société de Saint-Gobain. Ce transfert était accompli le 31 décembre 1884. Il présentait de grands avantages pour la direction de ce service, et était rendu possible par le mode de transport de l'acide chlorhydrique, alors adopté par la Société de Saint-Gobain, par charrettes portant un bac en bois avec enduit spécial. Ces bacs devaient ultérieurement être remplacés par les récépients actuellement employés, en caoutchouc durci, de la maison Lacollonge, de Lyon.

Embranchement particulier de l'usine d'Heyrieux.

La Société Coignet et Cie consacra ensuite une somme de 196.237 fr. 35 à la construction d'un embranchement particulier, reliant son usine d'Heyrieux à la gare de Vénissieux. Cet embranchement, autorisé par la Compagnie P.-L.-M. le 17 septembre 1889, approuvé par M. le Ministre des Travaux Publics, le 11 février 1890, fut construit en 1891 et 1892. Une décision du Ministre des Travaux Publics du 24 janvier 1893 en autorisa la mise en exploitation. Cet embranchement présentait un développement de 3.983 mètres de voies, dont 2.494 hors de l'usine et 1.489 dans l'usine, et une longueur totale. mesurée entre les points extrêmes de la ligne de 2.678 mètres, la différence de 1.3o5 mètres représentant des voies de garage ou de distribution dans l'usine.

Le coût de cet embranchement se décompose ainsi :

Frais d'étude . . . . fr.   2.125   »
Achat de terrains, frais compris 59.803 58
Indemnités données aux fermiers. . . .   1.685   »
Terrassements, pose de la voie, et direction
   des travaux 29.914 20
Traverses (4.570 environ à 3 fr. 75) . . .   17.140 10
Rails 45.813 75
Croisements, aiguilles, plaques tournantes,
   boulons, tirefonds. 11.237 70
Une bascule à wagon 2.568 80
Téléphone le long de la ligne   840   »
Réfection d'un chemin vicinal emprunté sur
   455 mètres . . . .   10.220   »
Réfection des pavages de l'usine 1.749 45
Construction par la Compagnie P.-L.-M.
   sur son terrain, de voies, signaux, enclan-
   chements . . . .   13.239   »

               TOTAL. . . . fr. 196.237 35

Cet embranchement est exploité par des chevaux.

Il a procuré à la Société, en 1898, une économie sur les prix
de camionnage de 45.000 francs qui laisse un bénéfice important sur les frais d'intérêt et d'amortissement du capital
déboursé. Le tonnage transporté a été de 37.500 tonnes.

Deux usines, la Verrerie ouvrière de Vénissieux, et la Société
française des électrodes, la première en 1896 et la deuxième
en 1899, ont établi des sous-embranchements sur l'embranchement de la Société Coignet et Cie. Il est à prévoir que tout un
quartier industriel s'établira le long de cet embranchement.

Restauration de l'usine d'Heyrieux.

Ces travaux préliminaires achevés, la restauration et l'agrandissement des ateliers de colles et engrais furent achevés
comme à l'usine de Saint-Denis.

Transformation de la fabrication du phosphore.

Pendant ce temps, une transformation industrielle s'opérait
à l'usine de Baraban. Les petites cornues, de la forme tradi-
tionnelle des cornues de laboratoire, qui produisaient 5 kilogrammes de phosphore par opération et qu'il fallait remplacer
à chaque opération, étaient remplacées par de grandes cornues, analogues aux cornues employées dans la fabrication du
gaz d'éclairage, et qui produisaient 45 kilogrammes de phosphore par opération en durant de six mois à un an. En même
temps, les simples fours à réverbère où étaient plongées les
petites cornues étaient remplacés par des fours à récupération.
Cette transformation, étudiée dès 1878, était généralisée en
1883 et permit d'augmenter notablement la production du
phosphore.

En même temps, des modifications aux procédés chimiques
employés permirent de substituer complètement le phosphate
minéral au phosphate des os. Cette substitution permettait de
réserver tout le phosphate d'os aux engrais chimiques et de
profiter du prix moindre du phosphate minéral.

Moulage à froid du phosphore.

Cette double transformation de la fabrication du phosphore
permit d'en améliorer les conditions hygiéniques et de faire
complètement disparaître la nécrose phosphorée. Le perfection-

nement apporté au moulage du phosphore contribua surtout à
ce résultat. Déjà, en 1865, M. Stéphane Coignet avait substitué
à l'antique moulage au tube par aspiration par la bouche de
l'ouvrier un procédé de coulage dans des lingotières du
phosphore liquide sous l'eau chaude par un poêlon d'un modèle
spécial. L'eau chaude était remplacée ensuite par de l'eau
froide, qui solidifiait le phosphore en baguettes. Ce procédé
est encore employé par certaines usines.

En 1891, M. Martin, directeur de l'usine de phosphore,
imagina le procédé du moulage à froid. Sous la pression d'une
presse hydraulique le phosphore solide est contraint de
traverser une filière ; c'est un corps assez mou pour pouvoir
supporter ce changement de forme. On obtient des bâtons
ronds ou carrés, suivant la forme de la filière, qu'on coupe
ensuite à la longueur voulue. La forme des bâtons carrés, qui a
été brevetée par la Société Coignet et Cie, permet de réduire au
minimum la quantité d'eau nécessaire pour emballer le phosphore et par conséquent la tare de cet emballage.

Outre les modifications que nous venons de décrire, l'usine
de Baraban a entrepris la fabrication de produits nouveaux : le
phosphure de cuivre, l'acide phosphorique purifié et le sesquisulfure de phosphore.

Phosphure de cuivre.

Ce produit, à aspect cristallisé, est une combinaison de 85 de
cuivre et de 15 de phosphore. Il sert soit à l'affinage du cuivre,
soit à la fabrication du bronze phosphoreux, qui, plus dur que
le bronze ordinaire, lui est préféré pour certains emplois.

Acide phosphorique purifié.

Cet acide, préparé par un procédé nouveau, est presque
aussi pur que l'acide phosphorique préparé par l'oxydation

du phosphore. Il pèse 43 degrés Baumé, dose 42 à 43 d'acide phosphorique anhydre, et ne renferme, comme impuretés, que quelques millièmes d'acide sulfurique, de chaux, de magnésie, de fer et de cuivre.

Sesquisulfure de phosphore.

Ce produit, signalé par Berzélius, n'avait jamais reçu d'application industrielle.

MM. Sévène et Cahen, ingénieurs des Manufactures de l'Etat, imaginèrent de fabriquer avec ce produit des allumettes s'enflammant partout et qu'a adoptées l'Etat français. Le sesquisulfure de phosphore n'est pas vénéneux comme le phosphore blanc et son emploi dans les fabriques d'allumettes ne peut pas donner la nécrose aux ouvriers.

Il partage cette propriété avec le phosphore amorphe. Mais il a sur ce dernier l'avantage de ne pas donner avec le chlorate de potasse un mélange explosif. On peut donc fabriquer avec le sesquisulfure des allumettes s'enflammant partout.

Son seul inconvénient réside dans la difficulté de le fabriquer. Car la réaction du phosphore et du soufre s'effectue avec une véritable explosion.

La Société Coignet et Cie a réussi à fabriquer en grand ce produit, sans mélange de sous-sulfures, lesquels sont également très dangereux à manier et explosifs. Elle a fourni toute la consommation des Manufactures de l'Etat jusqu'à ce jour.

Maison de commerce à Londres.

Pendant que se poursuivait ce développement industriel dans les usines, les maisons de commerce de Paris et de Lyon suivaient un accroissement parallèle. L'exportation en particulier, principalement en Angleterre, prenait une grande importance. Cette importance devint telle que la Société

Coignet et Cie, qui jusqu'alors avait opéré à Londres par l'intermédiaire d'un commissionnaire, la maison Duché, fonda elle-même, en 1883, une maison de commerce, 150, Fenchurch street, à Londres.

Actif de la Société au 31 décembre 1898.

La situation de la Société se résume dans l'actif de son bilan au 31 décembre 1898 :

Actif au 31 décembre 1898.

Immeubles, rue Rabelais, n° 3, à Lyon . . fr.   70.121 40
Usine de Saint-Denis. 2.618.240 31
Usine d'Heyrieux. 1.782.779 38
Usine de Baraban. 831.896 55
Mobiliers des bureaux. 44.238 95
Marchandises 2.754.063 40
Caisses, titres, portefeuilles, banquiers . .   1.076.139 16
Débiteurs 652.856 55

         TOTAL. . . . . . . fr. 9.830.335 70

Si le capital n'est que de . . . . . . fr. 3.500.000 »
il y a des amortissements pour 3.429.967 43
et des fonds de réserve pour 1.624.570 55

Non seulement l'actif de la Société s'est accru rapidement dans cette période 1878-1898, mais encore la situation financière de la Société s'est considérablement améliorée, les créanciers ayant passé de fr. 1.778.286 89 (chiffre du 31 décembre 1878), à fr. 500.665 19 (chiffre du 31 décembre 1898), et cela, malgré une distribution de dividendes beaucoup plus élevés que par le passé.

La maison Coignet a aujourd'hui une existence de quatre-vingt-deux ans. Elle n'a pas cessé de grandir depuis son origine et nous pouvons, d'après les chiffres cités, résumer ainsi ses progrès successifs.

Montant total de l'actif de la maison Coignet
à diverses époques.

Années.		Montant de l'actif.
1818.	. . . .	30.000 francs.
1822.	. . . . . .	60.000 —
1838.	. . . . . .	181.000 —
1846.	. . . . . .	402.000 —
1855.	. . . . . . ,	857.000 —
1867.	. . . . . .	5.656.000 —
1871.	. . . .	5.947.000 —
1878.	. . . . . .	6.898.000 —
1898.	. . . .	9.830.000 —

La maison Coignet a obtenu les récompenses suivantes aux grandes expositions :

Paris, 1849, Médaille d'argent.

Paris, 1855, Médaille de 1re classe.

Londres, 1862, deux Médailles de 1re classe.

Paris, 1867, Médaille d'argent.

Lyon, 1872, deux Diplômes d'honneur.

Vienne, 1873, Médaille de progrès.

Philadelphie, 1876, Diplôme d'honneur.

Paris, 1878, Médaille d'or.

Melbourne, 1880, Médaille first merit.

Amsterdam, 1883, Médaille d'or.

Anvers, 1894, deux Grands Prix.

La Société a été hors concours, l'un de ses gérants étant membre du jury, aux Expositions suivantes :

Anvers, 1885 ;
Barcelone, 1888 ;
Paris, 1889 ;
Lyon, 1894.

Enfin, deux gérants de la Société Coignet et Cie ont été nommés chevaliers de la Légion d'honneur : en 1872, M. François Coignet, à la suite de l'Exposition de Lyon ; en 1894, M. de Bonnard, l'un des gérants actuels, à la suite de l'Exposition de Chicago.

COIGNET & Cie

FABRIQUE DE COLLES, GÉLATINES ET ENGRAIS, A SAINT-DENIS (SEINE)

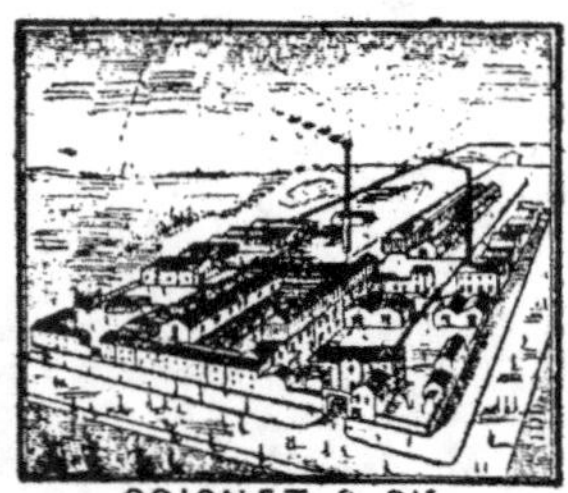

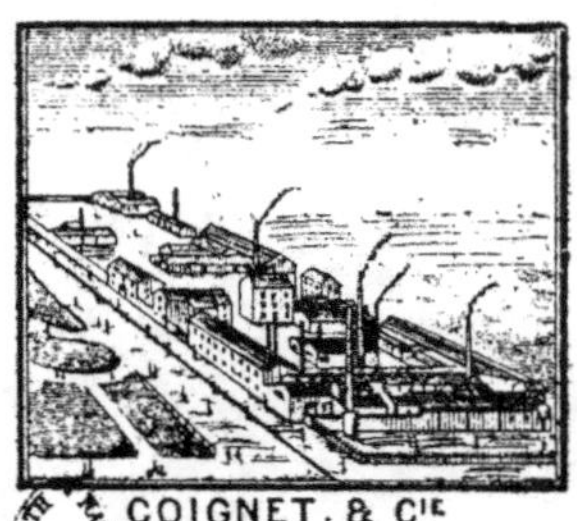

ANNEXES

COPIE EXACTE

DU BREVET D'INVENTION N° 886

pris en date du 23 octobre 1818

Par Mme Vve DUPASQUIER et DUPASQUIER fils et Cie

Pour un procédé propre à extraire des os un produit gélatineux appelé OSTÉOCOLLE, *propre à remplacer la colle de poisson.*

Choix et blanchissage des os.

Un homme armé d'une hache enlève toutes les parties spongieuses ou altérées, et n'admet comme propres à être employées que celles qui sont compactes. Ce choix fait, on transporte les os qui sont reconnus bons dans une chaudière où on les soumet à l'ébullition pendant une heure ; cette ébullition leur enlève les parties charnues ainsi que les corps étrangers solubles qui les salissaient ; mais comme elle ne les dépouille pas entièrement de leur graisse, on ajoute, sur la fin, une lessive de potasse. Les proportions de cette lessive sont : pour 100 livres d'os, 1 livre de sous-carbonate de potasse et une livre de chaux. Après un séjour de deux heures dans cette lessive, on retire les os et on les porte dans des paniers à la rivière, afin d'entraîner les corps étrangers non solubles qui y sont restés attachés, ainsi qu'une portion de potasse que les os retiennent toujours.

Division des os.

Pour que la division des os soit possible, il faut qu'ils soient exactement secs, ce qu'on obtient soit par une insolation prolongée soit par l'exposition dans un four pendant plusieurs heures.

Les os, secs, sont soumis ensuite à l'action d'une très forte meule à

manchon (celle dont nous nous servons a 6 pieds de diamètre sur
22 pouces d'épaisseur) ; par ce moyen un fort cheval peut, dans une
heure, réduire 130 livres d'os à une division telle que les morceaux les
plus gros n'égalent pas la grosseur d'une fève, et que les autres
présentent déjà une grande division, mais cependant ils ne son
pas encore assez petits pour être attaqués promptement par l'acide, ce
qui est très important, comme on va le voir. Cette plus grande division
s'obtient par l'action des meules employées pour la mouture du blé, mues
par un courant d'eau très puissant, parce que les os offrent une assez
grande résistance. Il est bon de remarquer que les os ne dégradent pas
les meules lorsqu'elles sont d'un bon grain.

Immersion dans l'acide muriatique ou hydrochlorique.

L'avantage d'une grande division résulte, ainsi que nous l'avons observé,
de ce que l'acide muriatique agit lentement sur un os non divisé, et qu'un
contact longtemps prolongé de cet acide avec la gélatine l'altère et la colore.

La poussière d'os obtenue par la mouture est portée ensuite dans un
tamis cylindrique mu au moyen d'une manivelle. Par là, on divise en
deux parties, l'une sous la forme d'une poussière extrêmement ténue,
l'autre ressemblant assez bien, par la division, à du tabac rapé. On opère
cette séparation parce que la poussière fine demande une moins grande
quantité d'acide, pour deux raisons : 1° l'observation a montré qu'une
particule d'os atteinte à sa surface peut être attaquée entièrement par
l'eau bouillante, ce qui n'a pas lieu pour les morceaux les plus gros, qui
doivent être décomposés entièrement par l'acide pour que la solution s'en
opère ; 2° on a encore observé que lorsqu'on met autant d'acide pour la
poussière fine que pour celle qui présente moins de division de cet acide
l'action est soudaine et que par suite il se développe un très haut degré
de chaleur qui dissout la gélatine, de manière qu'elle est enlevée par les
lavages subséquents.

Voici les proportions pour la poussière fine :

Acide muriatique (hydrochlorique). . .	25 parties
Eau	75 —
Poussière fine.	100 —

Pour les os moins divisés :

Acide muriatique (hydrochlorique). . .	50 parties
Eau	75 —
Os divisés	100 —

On commence par mettre la poussière d'os dans de grands cuviers de bois blanc, on y verse dessus l'eau indiquée dans les proportions, on remue le mélange avec des pelles de bois, afin que toutes les portions osseuses soient mouillées. Une heure après on verse le tiers de l'acide indiqué ; les deux autres tiers s'ajoutent ensuite, en mettant une heure d'intervalle pour chacun d'eux. On agit pour que l'action de l'acide ne soit pas trop précipitée et qu'il ne se produise pas un très grand degré de chaleur. Cette opération est la même soit qu'on emploie la grosse ou la fine poussière.

On laisse agir l'acide pendant douze heures, et dans l'intervalle de chacune d'elles, on a soin de remuer avec des pelles en bois ; alors, l'action de l'acide étant terminée, on décante le liquide, qui contient du muriate de chaux, de l'acide phosphorique libre et une certaine quantité d'acide muriatique également à l'état de liberté. Les os qui restent sont mis dans des sacs de toile claire et portés à la rivière, où ils séjournent vingt-quatre heures. Au bout de ce temps, on les agite fortement dans l'eau courante jusqu'à ce qu'en en mettant sur la langue on ne trouve plus aucune saveur : dans cet état, ils sont prêts à être employés.

Ces os ainsi préparés sont portés dans une chaudière à bain-marie (planche XX, figure 1) fermant exactement. On y ajoute de l'eau dans les proportions suivantes :

> Os pesés avant l'immersion . . . .   150 parties
> Eau   200   —

On pousse à l'ébullition, qu'on prolonge jusqu'à l'entière solution de la gélatine, ce qu'on reconnaît lorsque le marc est tout à fait pâteux et qu'il n'offre pas des parties qui résistent à la pression du doigt. On enlève le liquide, qu'on passe dans une chausse de laine, et le marc est porté à la presse.

C'est ici le lieu de dire qu'en soumettant la fine poussière d'os non attaquée par l'acide à l'action de l'eau bouillante, comme on vient de le voir pour celle qui a été décomposée par l'acide, on obtient également de l'ostéocolle ; on peut employer l'un et l'autre procédé.

Blanchiment.

On réunit le liquide retiré de la chaudière avec celui obtenu par la pression du marc ; on les verse dans un tonneau de bois blanc très allongé, comme on le voit figure 2, ensuite on fait passer pendant une heure un courant très vif de gaz acide sulfureux obtenu par la décomposition de l'acide sulfurique par le charbon. Cet acide change la teinte terne du liquide en une teinte blanche azurée, imitant la couleur d'une dissolution de belle colle de poisson. On laisse reposer pendant deux heures, après quoi on décante au moyen d'un robinet placé à 3 pouces de la partie inférieure du tonneau, on reçoit le liquide dans des vases en bois, et on le porte dans un autre appartement où se trouve un appareil pour le coulage.

Coulage et étendage.

Sur deux soliveaux placés horizontalement et soutenus par quatre chevalets on pose les uns à côté des autres des couloirs faits en bois blanc, ayant 5 pieds de longueur sur 20 pouces de largeur; il règne autour un bord élevé de 1 pouce et demi. Ces couloirs sont revêtus d'une couche d'huile siccative ou céruse, afin de boucher les gerçures du bois et d'empêcher le liquide de le voiler. Ces couloirs assujettis et parfaitement de niveau, on procède au coulage; chaque couloir doit contenir, dans toute son étendue, l'épaisseur de deux lignes de liquide. Bientôt ce liquide forme une gelée d'une très forte consistance, qu'on enlève au moyen de couteaux de bois, et qu'on place sur des toiles claires, exposées dans un endroit abrité et ayant un vif courant d'air. Dans l'espace de six à dix jours cette gelée se dessèche parfaitement et sans s'altérer et l'on obtient de l'ostéocolle.

TABLEAU COMPARATIF

de l'Ichthyocolle, de la Gélatine et de l'Ostéocolle.

	ICHTHYOCOLLE OU COLLE DE POISSON ORDINAIRE	GÉLATINE DE M. DARCET	OSTÉOCOLLE OBTENUE PAR NOTRE PROCÉDÉ
Difficulté pour obtenir	Produit étranger d'un prix très élevé.	Nécesssitant le choix d'os très petits pour pouvoir être attaqués entièrement par l'acide.	Pouvant se retirer de tous les os compacts à cause de la division qu'on leur fait subir avant l'immersion dans l'acide, par conséquent pouvant s'obtenir en plus grande quantité.

	ICHTHYOCOLLE OU COLLE DE POISSON ORDINAIRE	GÉLATINE DE M. DARCET	OSTÉOCOLLE OBTENUE PAR NOTRE PROCÉDÉ
Structure intime	Vessie natatoire de l'esturgeon ou membrane retournée sur elle-même et desséchée contenant une certaine quantité d'albumine nécessairement insoluble.	Structure intime d'un os dépouillé de la plus grande partie de ses sels terreux, mais en retenant encore une certaine quantité.	Gelée desséchée, ayant été fondue et ne présentant aucun caractère d'organisation, ne contenant d'ailleurs aucun sel terreux.
Aspect extérieur	Roulée en forme de fer à cheval, ou bien sous l'aspect membraneux de couleur plus ou moins blanche.	Os conservant après sa farine de couleur grise.	Tablette plate ou roulée sur elle-même ou bien présentant toute autre forme à volonté, analogue à la belle colle de poisson pour la couleur.
Solubilité	Soluble en grande partie, excepté la portion albumineuse qui forme résidu. Certaines qualités ne se dissolvent pas du tout. Donnant une gelée blanche.	Très difficilement soluble à cause de l'union intime du phosphate calcaire. Demandant pour se fondre trois heures de forte ébullition, ce qui colore fortement la gelée. Laissant un dépôt assez considérable.	Très soluble : il suffit de la faire tremper pendant quelque temps dans l'eau froide, et ensuite verser de l'eau chaude dessus pour la fondre. Donnant, lorsqu'elle est faite avec soin une gelée blanche analogue à celle que produit la colle de poisson de belle qualité.
Force ou ténacité	Estimée moins forte que les bonnes colles fortes.	Plus forte et plus tenace que la colle de poisson et que les colles fortes.	Estimée de même force que la précédente, qui doit cependant perdre de sa ténacité par la longue ébullition qu'on lui fait subir pour la fondre.

	ICHTHYOCOLLE OU COLLE DE POISSON ORDINAIRE	GÉLATINE DE M. DARCET	OSTÉOCOLLE OBTENUE PAR NOTRE PROCÉDÉ
Usages	Employée pour les apprêts des étoffes de soie, tulles, mousselines, dentelles, etc., en général pour toutes les étoffes qui demandent un apprêt délicat et blanc. Servant à clarifier les vins et le café, etc.	Pouvant être employée pour une excellente colle forte, mais servant tout au plus à apprêter les étoffes de couleur brune : encore sa difficile solubilité a-t-elle empêché les apprêteurs de l'employer.	Même usage pour les apprêts que la colle de poisson. De plus, son prix modéré permet d'en employer une plus grande quantité et par conséquent d'améliorer les apprêts. Non encore employée pour les vins et le café.

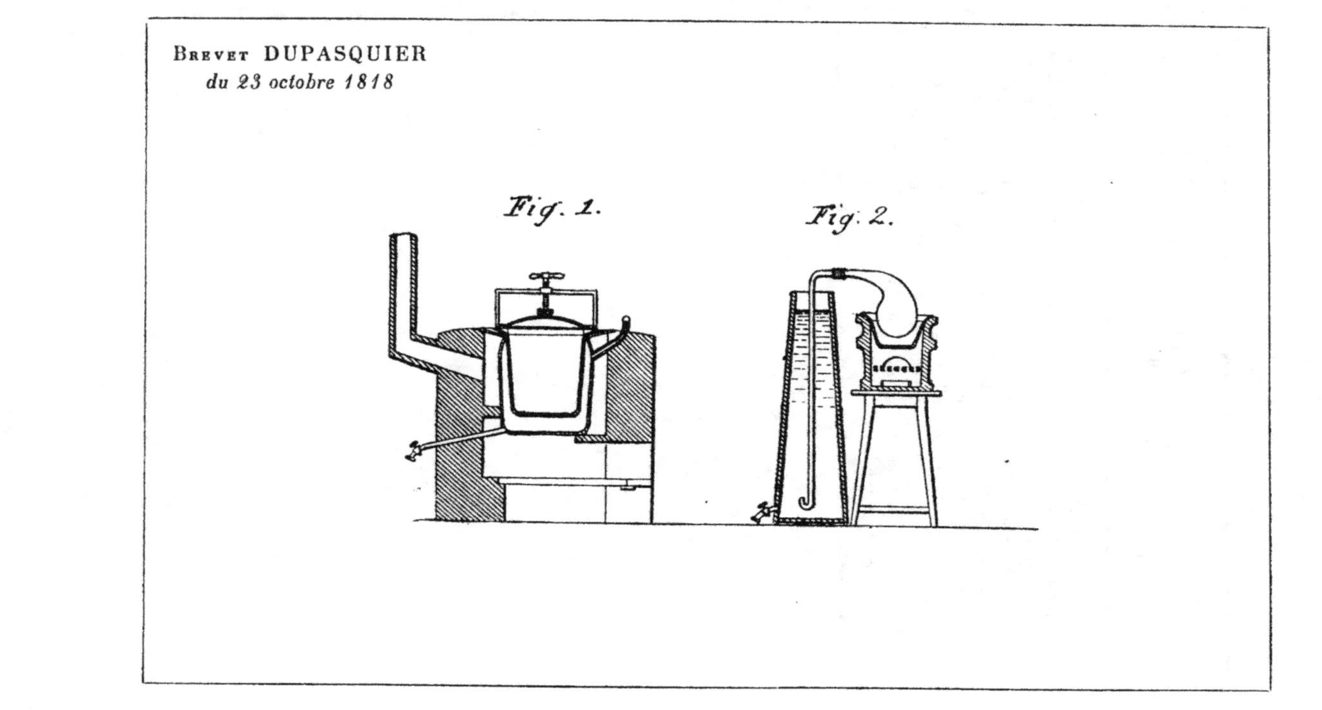

Brevet DUPASQUIER
du 23 octobre 1818
Fig. 1.
Fig. 2.

COPIE EXACTE DU CERTIFICAT D'ADDITION AU BREVET

du 23 octobre 1818

Pour un procédé propre à extraire des os un produit gélatineux
appelé Ostéocolle, *propre à remplacer la colle de poisson.*

Par Mme Vve DUPASQUIER et DUPASQUIER fils et Cie.

Après avoir préparé les os comme on vient de le voir, au lieu de les soumettre à la mouture, on leur fait subir un bain d'acide hydrochlorique dans des proportions analogues à celles qu'on employait auparavant : on les y laisse séjourner pendant huit jours, temps qui suffit ordinairement pour leur enlever la plus grande partie de leur phosphate calcaire. On retire ensuite et on en remplit des paniers qu'on expose pendant six ou huit heures à une eau courante, alors on fait usage de deux procédés pour les dissoudre dans l'eau et en obtenir l'ostéocolle : 1° Suivant l'ancienne méthode, on les soumet à l'action de l'eau bouillante dans une chaudière à bain-marie ; 2° on opère encore cette solution au moyen d'une machine à vapeur dont on va voir la description. Ce dernier procédé a pour avantage de donner une ostéocolle plus blanche. parce que la solution s'opère au moyen de la vapeur d'eau dans une cuve de bois et qu'il ne peut y avoir de carbonisation comme cela a lieu sur les bords de la chaudière.

Le reste du procédé est absolument le même que celui décrit dans le premier mémoire.

Description de la machine à vapeur représentée en élévation Pl. XX, fig. 3 :

a) Cendrier de la chaudière.
b) Foyer.
c) Gaine qui fait le tour de la chaudière et va aboutir à la cheminée.
d) Porte du foyer.
e) Chaudière.

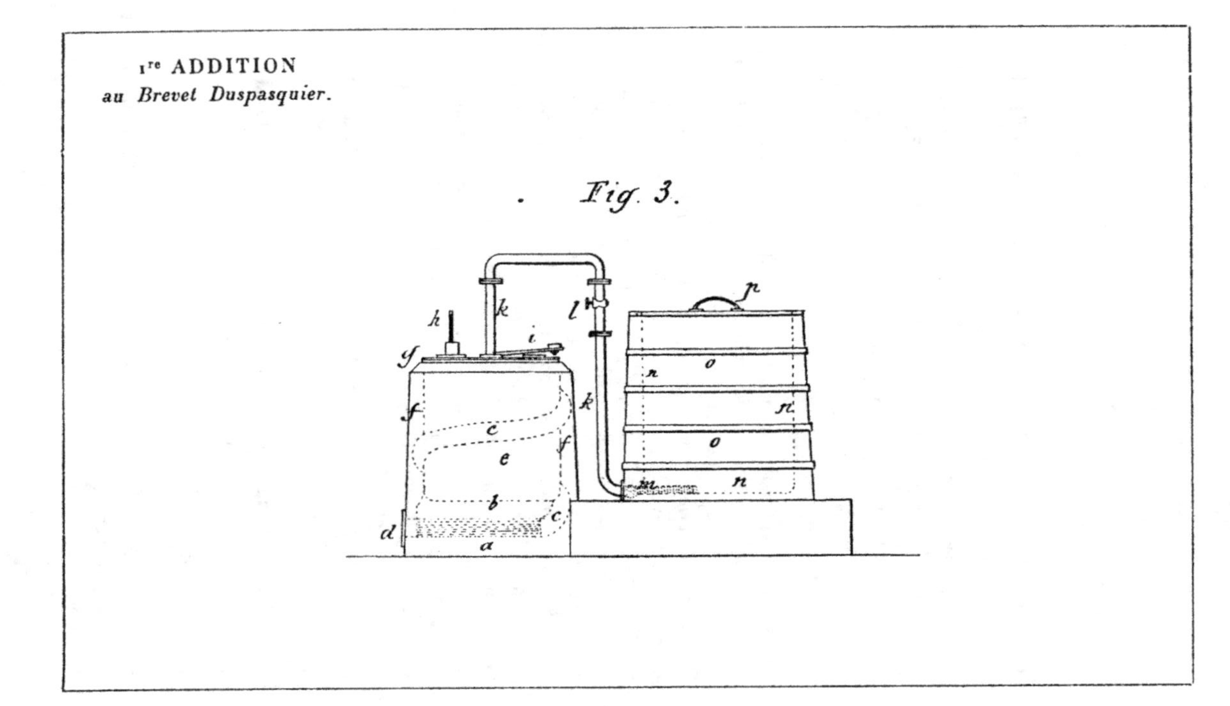

1re ADDITION
au Brevet Duspasquier.
Fig. 3.

f) Maçonnerie du fourneau.

g) Plaque de fonte fixée par des vis sur la chaudière de cuivre.

h) Soupape de sûreté pour empêcher l'absorption du liquide de la cuve qui aurait lieu par refroidissement.

i) Autre soupape de sûreté servant à prévenir du moment où il faut ouvrir la clef pour donner passage à la vapeur et pour la laisser échapper lorsque la tension devient trop forte.

k) Tube par le moyen duquel la vapeur est conduite dans la cuve en bois blanc O.

l) Clef servant à retenir la vapeur jusqu'à ce que la tension soit assez forte pour vaincre la colonne d'eau qui la sépare de la cuve.

m) Grille pour diviser la vapeur et la répandre dans toutes les parties de la cuve.

n) Sac où l'on met les os pour les fondre.

p) Couvercle de la cuve.

COPIE EXACTE DU CERTIFICAT D'ADDITION AU BREVET

du 23 octobre 1818

*Pour un procédé propre à extraire des os un produit gélatineux
appelé Ostéocolle propre à remplacer la colle de poisson.*

Par Mme Vve DUPASQUIER et DUPASQUIER fils et Cie

Des moyens d'obtenir l'ostéocolle des écailles de poisson. — Prenez
4 livres d'écailles de poisson nouvellement détachées, qui n'aient subi
aucune altération, lavez-les à grande eau, assez longtemps pour que
l'eau dont on s'est servi ne soit point troublée, faites cuire pendant
quatre heures ces écailles au bain-marie ou, encore mieux, dans une
marmite de Papin ; passez votre décoction bouillante à travers une
étamine ; clarifiez-la ensuite à l'aide de douze blancs d'œufs ; repassez-la
de nouveau ; mélangez ensuite cette décoction avec 12 livres de gélatine extraite des os, faites réduire à un tiers votre mélange en le faisant
évaporer au bain-marie ; versez votre colle bouillante dans les couloirs
de bois décrits dans le premier mémoire et laissez sécher au grand air.

ARRONDISSEMENT
DE LA
FACULTÉ DE MÉDECINE
DE STRASBOURG

JURY MÉDICAL
du Département du Rhône

DIPLOME DE PHARMACIEN

Nous soussignés, Docteurs en médecine et en chirurgie composant le jury médical du département du Rhône, et Pharmaciens adjoints audit jury, et nommés par le Préfet du département, en exécution des lois des 19 ventôse et 21 germinal, an II (10 mars et 11 avril 1803), certifions que le sieur Laurent-Auguste Dupasquier, âgé de vingt-cinq ans, natif de Lyon, après avoir subi, conformément à l'article XV de la loi du 21 germinal précitée, les deux examens de théorie ; savoir, le premier, le 3 octobre à 1 heure, sur les principes de l'art, et le second, le 5, à 9 heures, sur la botanique et l'histoire naturelle des drogues simples, s'est présenté le 7 à 9 heures à l'examen pratique, lequel a consisté en neuf opérations chimiques et pharmaceutiques qui lui ont été désignées, et qu'il a exécutées lui-même ; dans lesquels actes probatoires, et qui ont eu lieu publiquement, le sieur Laurent-Auguste Dupasquier ayant donné des preuves de son savoir, nous le déclarons pourvu des connaissances exigibles pour l'exercice de la pharmacie, et à cet effet, lui délivrons le présent diplôme muni du sceau du Jury.

A Lyon, le 7 octobre 1824.

Signature du Commissaire de la Faculté de médecine de Strasbourg,
Président du Jury ;

SISSIER, *Membre du Jury.*   G. Alphonse DUPASQUIER, *Membre du Jury.*   R. de LAPRADE *Membre du Jury.*   GARINE fils, *Membre du Jury.*

Pour le Doyen de la Faculté de médecine
de Strasbourg,
Signé : ***

Vu par le Recteur de l'Académie de Strasbourg,
Signé : Désiré ORDINAIRE.

Nous, Préfet du Rhône, certifions que le présent diplôme a été enregistré ce jourd'hui à la Préfecture du Rhône sur le registre à ce destiné, et que le sieur Dupasquier, titulaire, a prêté par devant nous le serment prescrit par l'article 16 de la loi du 21 germinal an onze, ainsi qu'il résulte du procès-verbal que nous en avons dressé aussi ce jourd'hui, dûment enregistré.

Lyon, le 1er décembre 1824.

Pour M. le Préfet en congé

Le Conseiller de préfecture délégué,

Signé : ***

COPIE

D'UNE

LETTRE ADRESSÉE A M. DUPASQUIER JEUNE

Grande rue de l'Hôpital, à Lyon.

Lyon, le 24 février 1825.

Monsieur,

Je me fais un plaisir et un honneur particulier de vous annoncer que la Société de pharmacie vous a admis à l'unanimité des voix au nombre de ses membres titulaires.

Il y aura demain vendredi, 25 du courant, à onze heures précises, salle de Saint-Pierre, une séance dont l'objet important est le rapport de la Commission chargée de rédiger une pétition à la Chambre des députés pour demander une nouvelle loi sur l'organisation de la pharmacie.

La Société vous invite à venir prendre part à cette séance et à cette délibération.

Je suis avec la considération la plus distinguée

Votre très humble serviteur

Signé : Tissier

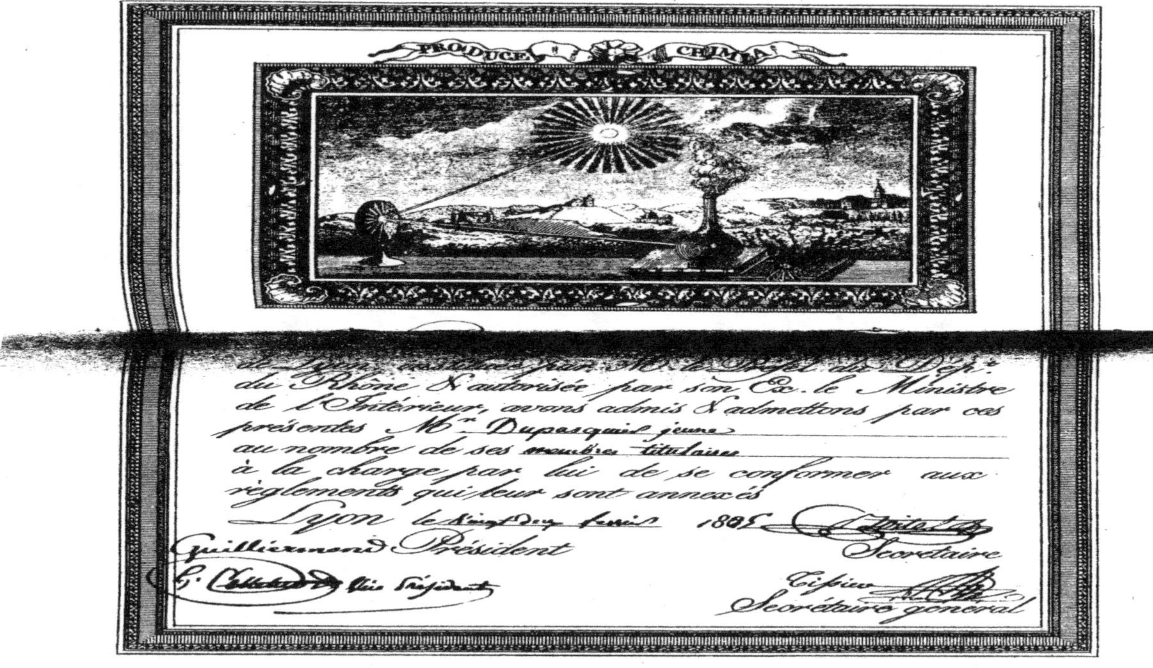

du Rhône & autorisée par son Exc. le Ministre
de l'Intérieur, avons admis & admettons par ces
présentes M.ᵣ Dupasquiel jeune
au nombre de ses membres titulaires
à la charge par lui de se conformer aux
règlements qui leur sont annexés
Lyon le Vingt deux février 1805
Secrétaire
Guilliermond Président
Vice Président
Secrétaire général

5. DIVISION

—

1ᵉʳ BUREAU

RÉPUBLIQUE FRANÇAISE

—

PRÉFECTURE DU RHONE

—

Extrait des registres des arrêtés du Préfet.

Nous, Préfet du Rhône,

Vu la demande formée par la Veuve Dupasquier et fils, tendant à obtenir l'autorisation définitive d'exploiter la fabrique d'ostéocolle qu'ils ont établie à Saint-Rambert, et qui n'était autorisée que temporairement et provisoirement, par un arrêté de notre prédécesseur, en date du 19 janvier 1819;

Vu les diverses oppositions formées contre cet établissement ;

Vu l'arrêté du Conseil de préfecture, en date du 11 du mois courant, portant que sans avoir égard auxdites oppositions, il y a lieu d'accorder aux pétitionnaires l'autorisation d'établir dans la commune de Saint-Rambert-l'Ile-Barbe, une fabrique d'ostéocolle, aux conditions qui y sont énoncées, et spécialement sous celle expresse qu'ils ne pourront commencer leurs travaux qu'après que, par un architecte de notre choix, l'état des hangars, l'élévation des gaines des cheminées, la construction des fourneaux et le prolongement du canal dans la Saône, auront été examinés et reconnus propres à produire les effets qu'on s'en est promis;

Vu notre arrêté du 14 du présent mois portant nomination de M. Chenavard pour procéder à cette opération ;

Vu le rapport de cet architecte en date du 19 courant ;

Vu le décret du 15 octobre 1810, et l'ordonnance royale du 14 janvier 1815, relatifs à l'établissement des ateliers à odeurs incommodes ou insalubres,

Arrêtons ce qui suit :

Article premier. — Il est enjoint aux successeurs et à la veuve Dupasquier, avant de se livrer à aucun travail dans la fabrique d'ostéocolle qu'ils établissent à Saint-Rambert,

1° D'assurer l'écoulement immédiat des parties osseuses qui ne servent pas à l'extraction de l'ostéocolle ;

2° D'élever les gaines de toutes les cheminées des fourneaux à 2 mètres au-dessus des toitures voisines ;

3° Le fourneau contenant la chaudière à vapeur, et dont le tuyau est isolé du mur mitoyen dans la moitié de sa hauteur, devra être continué selon ce même isolement dans toute sa moitié supérieure ; il devra, en outre, être exhaussé de 2 mètres au moins, en contre-haut de la maison voisine :

4° L'embouchure du canal devra être construite en assises de pierre de taille, et, depuis son ouverture jusqu'à la rivière, il devra être établi un ruisseau fait de pierres plates, afin d'empêcher que les eaux de ce canal ne s'écartent sur les bords, et qu'elles soient plus promptement conduites à la Saône.

ARTICLE 2. — Sur l'avis qui nous sera donné de l'exécution de ce qui est prescrit ci-dessus, une nouvelle visite sera faite par M. Chenavard, pour nous assurer que les constructions prescrites ont été effectuées, et en la présence de M. le Maire de Saint-Rambert-l'Ile-Barbe qui demeure chargé d'assurer l'exécution du présent arrêté.

Lyon, le 28 juin 1824.

Pour copie conforme :
Le Conseiller de préfecture délégué,
Signé : Illisible.

Le Préfet du Rhône,
Signé : DE BROSSES

NOTICE

REMISE

A MESSIEURS LES MEMBRES DU JURY

DE

L'EXPOSITION UNIVERSELLE

Section des Produits chimiques

PAR

COIGNET Père et Fils et Cie

MANUFACTURIERS

A LYON ET A PARIS

COIGNET PÈRE ET FILS ET CIE

MAISON FONDÉE EN 1818

Médaille d'argent, à Paris, à l'Exposition de 1849.
Médaille d'argent, à Bordeaux, à l'Exposition de 1854,
Deux mentions honorables, à Londres,
Exposition universelle de 1851.

PRODUITS FABRIQUÉS

Gélatines de toutes qualités.	Phosphore rouge.
Colles fortes de toutes qualités.	Noir animal.
Prussiate jaune de potasse.	Os incinérés.
Phosphore blanc.	Suif d'os, etc.

L'EXPOSITION UNIVERSELLE

— Section des Produits chimiques —

Nous avons l'honneur d'appeler votre attention sur l'importance générale de notre industrie, et sur les progrès que nous avons réalisés dans chacune de ses branches.

IMPORTANCE DE NOTRE INDUSTRIE

Aucun des produits que nous fabriquons, sauf la colle forte extraite des rognures de peaux, n'existait dans le commerce il y a moins de cinquante ans.

Notre premier établissement a été fondé en 1818 à Saint-Rambert-l'Ile-Barbe, près Lyon.

Il y a vingt ans, le chiffre de nos affaires ne dépassait pas chaque année 40 à 50.000 francs ; il s'élève aujourd'hui à plus de 1.500.000 francs.

Par la beauté de ses produits, leur excellente qualité, leur bas prix, l'importance de ses affaires, notre maison est l'une des plus importantes qui existent au monde en ce genre d'industrie.

En effet, nous possédons à Lyon deux manufactures en pleine activité, établies sur de vastes proportions.

Pour faire face aux demandes croissantes qui nous sont faites, nous venons d'en construire une troisième plus considérable encore à Saint-Denis près Paris.

Nous manutentionnons chaque année plus de trois millions de kilogrammes d'os ;

Quatre à cinq cent mille kilogrammes de rognures de peaux ;

Un million de kilogrammes d'acide sulfurique ;

Deux cent cinquante ou trois cent mille kilogrammes de potasse ;

Douze cent mille kilogrammes de matières animales diverses.

Nous consommons cinq millions de kilogrammes de houille.

Nous donnons lieu à un mouvement de transport entre Paris et Lyon de plus de trois mille tonnes par an.

Notre personnel se compose de plus de trois cents personnes attachées à nos établissements.

PROGRÈS QUE NOUS AVONS FAIT FAIRE A NOTRE INDUSTRIE

Gélatines.

La gélatine a été inventée en 1818 par M. Alph. Dupasquier, chimiste, l'un de nos prédécesseurs.

Cette gélatine était alors extraite des os immergés dans l'acide chlorhydrique.

Avant cette invention de la gélatine, constatée par le brevet que notre maison a pris en 1818, on n'employait pour les apprêts et la table que la colle de poisson, dont le prix exorbitant rendait l'emploi très onéreux.

C'est donc notre maison qui, pour ses débuts, a doté l'industrie de cet intéressant produit, qui depuis a pris un si grand essor.

Depuis cette époque, nous n'avons cessé de perfectionner cette fabrication.

Nos gélatines sont incolores, inodores, d'une transparence complète, d'un nerf excessif.

Nous sommes parvenus à les extraire indifféremment, et sans qu'il soit possible de les distinguer entre elles, des diverses rognures de peaux, aussi bien que des os immergés dans l'acide chlorhydrique.

Nous croyons donc être arrivés à un état de grande perfection pour la beauté, la bonne qualité, aussi bien que pour la régularité de la fabrication.

En effet, la fabrication de la gélatine est une des plus difficiles qui existent.

Le moindre défaut dans la préparation des matières premières, et la gélatine n'a pas de nerf ; elle est colorée et a de l'odeur, elle est trouble, elle givre (c'est-à-dire elle se couvre d'une poussière de chaux ou sulfate de chaux).

S'agit-il de la dessécher, les difficultés se multiplient.

S'il fait trop chaud, elle ne prend pas, ou elle se putréfie.

S'il fait trop froid, elle gèle, ou se coquille en se roulant sur elle-même.

S'il fait trop humide, elle moisit et se putréfie.

S'il fait trop sec, elle se fend sur les filets en séchant trop vite, et le vent la couvre de poussière adhérente.

Un seul de ces accidents lui enlève ordinairement plus de la moitié de sa valeur.

De telle sorte que le plus souvent un fabricant ne peut savoir d'avance le résultat qu'il obtiendra d'une matière première déterminée.

Presque jamais il ne peut faire deux fois de suite des produits identiques.

Toujours soumis à toutes les intempéries, il ne peut fabriquer, ni en hiver à cause du froid, ni en été à cause de la chaleur, ni en automne à cause de l'humidité.

A peine a-t-il cent jours de travail pendant toute l'année.

En ce qui nous concerne, nous avons réussi à vaincre toutes ces difficultés.

Nous fabriquons tous les jours, en tout temps, en toute saison et sans interruption.

D'une matière donnée, nous obtenons toujours une qualité régulière de gélatine.

Nos travaux ne sont réellement entravés, ni par la chaleur, ni par le froid, ni par l'humidité, ni par le trop sec.

Nous avons donc accompli un progrès immense dans cette branche d'industrie.

Colles fortes.

Jusqu'à présent les fabricants de colles fortes, pour la plupart, rencontrent pour ce produit les mêmes difficultés que présentent les gélatines.

Ils ne peuvent fabriquer en hiver, la colle gèle.

Ils ne peuvent fabriquer en été, la colle coule sur les filets, ou se corrompt.

Ils ne peuvent fabriquer en automne, il y a trop d'humidité, la colle se putréfie.

D'un autre côté, soit vice de préparation, soit action des agents atmosphériques, la plupart des colles qu'on trouve dans le commerce, même les plus réputées, répandent une odeur infecte. Elles sont le plus souvent brunes, troubles; beaucoup manquent de nerf, se dissolvent dans l'eau froide, attirent l'humidité, ou tombent en poudre dans les temps chauds et secs.

Toutes nos colles sont inodores, blondes, transparentes, brillantes, les qualités supérieures ont un nerf excessif, elle gonflent dans l'eau froide sans se dissoudre, elles sont presque insensibles à la chaleur ou à l'humidité.

Nous sommes parvenus à extraire des os, par la marmite de Papin, des colles fortes au moins égales en bonté et en beauté aux meilleures colles du commerce quoique extraites des rognures de peaux.

D'un autre côté, nous sommes aussi parvenus à extraire des mêmes rognures de peaux des colles complètement inodores.

Les premiers, et, nous le croyons, les seuls, nous sommes parvenus à fabriquer toute l'année, en tout temps, tous les jours, sans aucune interruption, des produits toujours identiques, ce qui nous permet de livrer au commerce des produits absolument réguliers, à ce point que nous n'avons qu'un seul type pour chaque qualité.

Les premiers nous avons moralisé le commerce des colles, en apposant notre estampille sur chaque plaque, exemple qui, bon gré mal gré, a dû être suivi par les autres fabricants.

Les progrès que nous avons fait faire à cette branche de notre industrie sont évidents, et incontestablement démontrés par l'importance de la consommation.

Prussiate de potasse.

Nous ne fabriquons ce produit que depuis 1850. Dès le premier jour nous avons estampillé notre produit, et notre fabrication, dès le début, a été tellement bonne et régulière, que notre marque a été immédiatement mise au premier rang par la consommation ; en cinq ans nous n'avons pas eu un seul laissé-pour-compte.

Nous produisons actuellement deux cent mille kilogrammes par an ; nous pouvons en produire trois cent mille.

Voici la preuve du progrès que nous avons fait faire à cette branche de notre industrie.

Peu de temps avant que nous commencions à produire le prussiate jaune de potasse, il valait dans le commerce plus de 5 francs le kilogramme. Deux ans après il était tombé à 2 fr. 80 le kilogramme, où il est demeuré depuis, sans variation.

Notre intervention a donc fait jouir la consommation d'un rabais de 50 pour 100.

Nous avons exporté en 1854 cinquante mille kilogrammes de prussiate.

Par conséquent, nous avons réalisé le progrès pour ce produit, comme pour la gélatine et les colles fortes.

Phosphore ordinaire.

En 1838, époque à laquelle nous avons commencé cette fabrication, le phosphore valait 24 francs le kilogramme.

En 1839, il ne valait plus que 12 francs.

En 1840, il ne valait plus que 8 fr. 50, prix auquel il est resté et que nous n'avons pas changé depuis cette époque.

C'est donc un rabais de 66 pour 100 sur l'ancien prix que nous doit la consommation.

Ce rabais a pu être obtenu par une grande simplification de tous les moyens employés jusqu'alors, et parce que les premiers nous avons considéré la production du phosphore comme un objet de grande industrie.

Quoique nous soyons demeurés en France, en réalité, les seuls fabricants de phosphore ; quoique depuis quinze ans les prix soient demeurés stationnaires, nous n'avons pas cessé de progresser, et nous avons réalisé de nombreux perfectionnements ; ce qui le prouve, c'est que nous avons pu soutenir victorieusement une concurrence terrible élevée contre nous en Angleterre, où le bon marché de la houille donnait un avantage immense à nos adversaires.

Néanmoins, malgré la concurrence, nous n'avons jamais ralenti notre production ; nous n'avons jamais cessé de l'accroître.

Ici encore, nous avons donc réalisé des progrès très importants.

Phosphore amorphe.

Le phosphore dit amorphe, ou phosphore rouge, n'est pas autre chose que du phosphore ordinaire, maintenu pendant un temps assez long à une température la plus rapprochée possible de son point d'ébullition, sans que cette ébullition se produise.

Au point de vue chimique, à l'analyse, le phosphore n'a subi aucun changement, car il ne s'agit, pour reproduire le phosphore ordinaire, que de distiller le phosphore rouge et de recueillir, comme d'usage, les vapeurs phosphoriques sous l'eau.

Mais, physiquement, le phosphore rouge est un corps nouveau, n'ayant plus aucun des caractères du phosphore ordinaire.

Le phosphore ordinaire était blanc et transparent.

Le phosphore armophe est rouge et opaque.

Le premier était souple comme la cire, le second est cassant et friable comme le soufre.

Le phosphore ordinaire était fusible à 4o degrés, et le phosphore rouge n'est fusible qu'à 28o degrés.

Le phosphore ordinaire s'enflammait à son point de fusion, le phosphore amorphe exige une température de, au moins, 15o degrés.

Le phosphore ordinaire était soluble dans les corps gras, dans les alcalis, dans les sucs gastriques, dans le sulfure de carbone ; le phosphore amorphe est complètement insoluble dans ces divers dissolvants.

L'emploi du phosphore ordinaire donne lieu à des inconvénients et même à de graves dangers ; les émanations abondantes qu'il répand sans cesse à la température ordinaire, donnent lieu pour les ouvriers, dans la fabrication des allumettes chimiques, à une maladie terrible nommée *nécrose* ou carie des os maxillaires, maladie presque toujours mortelle et accompagnée de souffrances cruelles et prolongées.

En outre, par sa facile solubilité, le phosphore ordinaire constitue un poison des plus violents et sans antidote connu.

Des expériences faites à l'Ecole d'Alfort démontrent que du phosphore ordinaire, ingéré à la dose de quelques centigrammes seulement, amène la mort rapide d'animaux de forte taille. Des faits judiciaires et authentiques relatent, d'un autre côté, des cas nombreux d'empoisonnement dus à l'imprudence ou au crime, par le fait fortuit ou volontaire du mélange dans les aliments de la pâte phosphorique qui garnit l'extrémité des allumettes chimiques. Que l'on joigne à ces graves inconvénients du phosphore ordinaire le désagrément que procure l'odeur fétide qui l'accompagne toujours, et l'on reconnaîtra qu'il était grandement besoin de trouver un corps nouveau, qui, remplaçant le phosphore dans la fabrication des allumettes chimiques, conservât tous ses avantages sans garder aucun de ses inconvénients. Par un heureux phénomène, il se trouve que le phosphore rouge, dit amorphe, tout en conservant la faculté de s'enflammer très facilement, ne cause plus aucun danger, ni pour les ouvriers, ni pour les consommateurs.

Ne se vaporisant qu'à une température de 28o degrés, il ne donne plus lieu à aucune émanation. Les ouvriers qui fabriquent les allumettes chimiques ne vivent donc plus dans une atmosphère chargée de phosphore ; par conséquent PLUS DE NÉCROSE.

Le phosphore rouge étant insoluble dans les sucs gastriques, ainsi qu'il a été également démontré à l'Ecole d'Alfort, où l'on a administré à divers animaux, sans obtenir aucun effet apparent, plusieurs grammes de phosphore rouge (jusqu'à 20 et 3o grammes), la pâte des allumettes chimiques, composée avec le phosphore amorphe, cesse d'être vénéneuse ; par conséquent les familles n'ont plus à redouter les dangers d'empoisonnement qui résultaient du contact permanent des allumettes chimiques, surtout avec l'imprudence des enfants, toujours prêts à tout porter à la bouche.

Par suite de ces propriétés nouvelles et si remarquables, et par le fait des dangers présentés par l'emploi du phosphore ordinaire, le phosphore rouge, dit amorphe, ne pouvait manquer d'attirer l'attention éclairée de la science et de l'autorité. Une enquête approfondie a été établie dans le but de constater les effets pernicieux du phosphore ordinaire, et la possibilité de lui substituer le phosphore rouge.

Cette enquête avance vers son terme. Il y a lieu de croire qu'avant peu les ouvriers et les consommateurs seront mis à l'abri des dangers que présente l'emploi du phosphore ordinaire.

Le phosphore rouge, dit amorphe, a été découvert par M. Schrœtter, professeur de chimie à Vienne en Autriche. Ce savant a cédé son invention à M. Arthur Albright, manufacturier à Birmingham, lequel, à son tour, nous a fait cession du brevet d'invention qu'il avait pris en France·

Parmi les savants français qui en ont fait l'objet de leurs investigations nous citerons MM. Bussy, Chevalier, Lassaigne, Cadet-Gassicourt, et autres non moins renommés.

Nous avons dû modifier les appareils de fabrication. Le fourneau qui avait été employé dès le début ne pouvait maintenir que difficilement la régularité de la température. Malgré les soins les plus assidus, tantôt la température s'élevait trop haut, et volatilisait le phosphore, tantôt elle descendait trop bas et alors la transformation cessait d'avoir lieu. Au point de vue pratique, la défectuosité de cet appareil rendait la fabrication régulière extrêmement difficile.

En ce qui nous concerne, nous avons réussi à établir un fourneau s'alimentant de lui-même et donnant une parfaite régularité de température, de telle sorte que, pendant toute la durée de l'opération et presque sans surveillance, la température se maintient invariablement à un degré déterminé. Cette simplification du travail nous permet, ce qui n'avait pas encore eu lieu, de transformer le phosphore ordinaire en phosphore amorphe, quelle que soit la quantité sur laquelle on agisse, fût-elle de plusieurs centaines de kilogrammes. Par ce moyen nous serions en mesure de faire face à tous les besoins de la consommation intérieure et extérieure.

A propos du phosphore amorphe, nous devons appeler toute l'attention des membres du Jury sur les résultats obtenus dans la fabrication des allumettes chimiques, au moyen de ce nouveau phosphore, par M. Camaille, fabricant, rue de Bondy, 70.

Intelligence persévérante, travaux soutenus, dangers courus, il n'a rien épargné pour arriver au succès, et pour trouver des moyens de fabrication simples, faciles et sans danger.

Aussi est-il parvenu à trouver des proportions exactes qui donnent un feu vif, sans explosion et sûr ; il procède à froid, ce qui enlève tout danger dans la fabrication, et enfin, d'après nos conseils, il a réussi à remplacer le soufre par un corps nouveau, brûlant sans odeur ni fumée.

Nous croyons que M. Camaille a rendu de véritables services à notre industrie, et qu'il aura beaucoup contribué à préserver les ouvriers et les consommateurs des dangers que présente l'emploi du phosphore ordinaire.

Il mérite donc l'attention des membres du Jury.

Noir animal.

Nous sommes les premiers en France qui aient fabriqué du noir animal avec les os dont on a extrait une partie de la gélatine qui y était contenue, au moyen de la marmite de Papin.

Ce noir est aussi décolorant que le noir d'os neufs.

Pourtant il a rencontré et il rencontre encore une répugnance bien naturelle de la part des raffineurs de sucre ; ils supposent, et les apparences sont en faveur de cette supposition, que ce noir, par le fait de l'extraction préalable de la gélatine, contient moins de carbone, et par conséquent qu'il est moins décolorant.

En réalité il n'en est rien, et voici pourquoi.

Les os privés d'une partie de la gélatine, soumis à la distillation, ne donnent que des traces d'huile empyreumatique ; les os neufs en produisent des quantités abondantes, Or, cette huile n'étant pour ainsi dire que du carbone, on perd sous forme d'huile autant de carbone qu'on en aurait perdu sous forme de gélatine.

Cela est si vrai, que des noirs obtenus d'os neufs ou d'os dégélatinisés donnent, par l'incinération du carbone, à peu de chose près la même perte de poids.

Or, puisqu'on perd le carbone dans les deux cas, il vaut mieux l'obtenir en gélatine de grande valeur, qu'en huile empyreumatique sans valeur.

Après tous les progrès que nous venons de signaler, nous citerons pour mémoire la perfection à laquelle nous sommes arrivés dans la fabrication des os incinérés à l'air. Ces os, eutièrement privés de carbone et de toute matière étrangère, d'une blancheur éblouissante, sont destinés à la fabrication de la porcelaine, dite anglaise, à celle des cristaux opaques, et aux usages pharmaceutiques. Mais, avant de terminer, il est un dernier progrès qui, nous le croyons, mérite toute l'attention des membres du Jury. Grâce à des dépenses considérables et à notre persévérance, nous sommes parvenus, et nous croyons être les seuls qui aient obtenu ce résultat, à produire les colles fortes, le noir animal et le prussiate de potasse, tous produits compris dans la première classe des produits insalubres et incommodes, sans répandre au dehors de nos établissements aucune odeur insalubre et même incommode. Ce qui est constaté par le certificat suivant :

« Nous soussignés, propriétaires, demeurant dans le voisinage des « usines de MM. Coignet, père et fils et Cie, certifions que nous avons « constamment vu s'affaiblir les inconvénients de ce voisinage.

« Nous avons pu constater un développement toujours croissant de ces « usines, et nous attribuons à des perfectionnements dans les procédés « de fabrication l'amélioration réelle qui s'est produite sur les émana-« tions résultant de l'industrie qu'on y exerce. »

Suivent au moins trente signatures de propriétaires voisins.

Nous espérons que ce progrès, qui ne se produit pour nous que par des soins et des frais, attirera l'attention du Jury, autant au moins que les autres progrès industriels signalés plus haut.

COIGNET PÈRE ET FILS ET Cie,

Manufacturiers.

SUR LA

FABRICATION DU PHOSPHORE

ET DES

ALLUMETTES PHOSPHORÉES A LYON

RAPPORT

AU CONSEIL D'HYGIÈNE ET DE SALUBRITÉ

Par A. GLÉNARD

Docteur en médecine, Secrétaire du Conseil
Professeur de chimie à l'École de médecine de Lyon, etc.

———————

Parmi les questions si nombreuses et si variées qu'embrassent dans leur étude les Conseils d'hygiène publique et de salubrité, il en est peu d'aussi importantes que celles qui ont trait à l'hygiène professionnelle. Les découvertes qui se font dans les régions élevées de la science renferment souvent les germes d'applications utiles. Descendant alors dans le domaine pratique, elles donnent naissance à des industries diverses qui contribuent bientôt au bien-être de l'homme en augmentant la somme de ses jouissances. Mais, si ces industries sont profitables à la société, trop souvent elles sont funestes à ceux qui les exercent. Les hommes qui manipulent la matière pour l'approprier à nos besoins, pour en faire sortir un produit utile à tous, ne le font pas toujours impunément; trop souvent, ils sont victimes de leur industrie. Tel produit préparé dans nos usines, qui va satisfaire aux mille besoins de notre existence, aux caprices sans cesse renaissants de notre amour du luxe, compromet chaque jour la santé, la vie même des ouvriers qui le fabriquent. C'est donc une raison de reconnaissance, autant que d'humanité, qui doit nous porter à nous intéresser au sort de ces hommes qui paient de leur vie le bien-être de tous. C'est un devoir pour nous de nous efforcer d'améliorer leur profession, de tâcher de les soustraire aux dangers auxquels ils sont exposés.

Etudier l'influence qu'exercent sur la santé des ouvriers les diverses professions industrielles ; examiner la nature, la cause des dangers qu'elles peuvent présenter ; chercher les moyens d'atténuer ces dangers, d'en préserver ceux qui y sont exposés ; éclairer sur ces divers points l'autorité dont l'action protectrice s'étend à toutes les classes d'individus, voilà la mission des Conseils de salubrité, en ce qui touche l'hygiène professionnelle.

C'est cette mission que vous êtes appelés à remplir aujourd'hui, au sujet d'une industrie spéciale, sérieusement incriminée et dans l'exercice de laquelle le Gouvernement se propose d'intervenir pour y introduire des réformes de nature à lui enlever ses dangers. Il s'agit de l'industrie qui manipule le phosphore.

Depuis longtemps, on a formulé contre les fabriques de phosphore et surtout contre les fabriques d'allumettes phosphorées, de sévères accusations. Un certain nombre de médecins hygiénistes leur attribuent, et surtout aux dernières, une influence funeste sur la santé des ouvriers qui y travaillent ; ils les regardent comme la source de nombreuses et très graves affections. Les individus exposés aux émanations qui se produisent et se répandent dans les ateliers où se manipule le phosphore seraient sujets, selon enx, à diverses maladies du tube digestif, des organes respiratoires, et de plus à une affection spéciale, la carie des maxillaires, affection le plus souvent mortelle. A l'appui de ces allégations, ils citent un assez grand nombre de faits observés tant en France qu'en Allemagne, qui paraissent établir d'une manière irrécusable l'action délétère qu'exercent les émanations phosphorées sur l'économie.

On conçoit que de pareilles assertions, qui intéressent la santé d'une populatiou ouvrière assez considérable, aient dû éveiller l'attention du Gouvernement et le porter à prendre des mesures propres à combattre les dangers de cette industrie ; d'autant plus que le remède est tout trouvé ; remède simple et d'une application facile. Il suffirait à ce phosphore, qui répand à l'air des vapeurs si odorantes et considérées comme si délétères, de substituer le phosphore modifié par l'action de la chaleur, ce phosphore d'une nouvelle espèce qui n'exhale ni odeur ni vapeur, qui peut même être introduit sans danger dans l'économie. Mais tous les observateurs ne sont pas d'accord sur l'influence qui doit être attribuée aux vapeurs phosphorées. Quelques-uns contestent ou nient que ces vapeurs exercent une action délétère sur l'économie. Avant donc d'ordonner la substitution du phosphore rouge au phosphore ordinaire, avant d'adopter une mesure qui ne pourrait moins faire que de jeter quelque perturbation dans la

fabrication et le commerce des allumettes phosphorées, et qui aurait pour
effet nécessaire de hausser le prix d'un objet qu'en raison de son immense
consommation on peut considérer comme un objet de première nécessité;
avant, dis-je, d'adopter une semblable mesure, le Gouvernement, en
présence des assertions contradictoires émanées d'observateurs également dignes de foi, a besoin de savoir jusqu'à quel point cette mesure est
nécessaire et applicable. Pour y arriver, il a ordonné une enquête qui se
poursuit par les soins du Comité consultatif d'hygiène publique, et qui
devra recueillir tous les documents scientifiques et statistiques capables
de fixer l'opinion sur la réalité des dangers attribués à l'industrie qui
travaille le phosphore.

Le Conseil d'hygiène de Lyon est appelé à témoigner dans cette
enquête, à fournir sa part de renseignements. Sa position auprès de la
fabrique de phosphore la plus considérable de France, les travaux anté-
rieurs d'un de ses membres, A. Dupasquier, sur cette question, rendaient
son témoignage important, nécessaire. M. le Ministre de l'agriculture et
du commerce, par une lettre en date du 26 juin 1855, vous demande de
le renseigner sur les points suivants, savoir: « Si, dans aucune circonstance, il n'a été observé, à quelque degré que ce soit, le moindre trouble
dans la santé des ouvriers employés à la fabrication du phosphore ; si
aucun d'eux n'a présenté, soit dans les premiers temps de son entrée
dans la fabrique, soit plus tard, un dérangement des fonctions digestives,
une altération quelconque des organes respiratoires, et enfin l'affection
spéciale des os maxillaires abservée chez les ouvriers qui fabriquent
des allumettes. — Quels sont les résultats de l'observation faite à ce point
de vue dans les fabriques d'allumettes phosphorées? Comment se préparent le phosphore ordinaire et le phosphore rouge ? Y a-t-il, soit dans les
procédés de fabrication, soit dans la disposition des ateliers, soit dans la
manière d'être des ouvriers, quelque condition spéciale qui les préserve
des émanations phosphorées, ou, au contraire, ceux-ci sont-ils exposés
aux vapeurs de phosphore et en absorbent-ils une certaine quantité ainsi
que l'a constaté autrefois Dupasquier? etc. »

Pour mettre le Conseil d'hygiène à même de répondre à ces questions,
nous avons visité, M. Rougier et moi, la fabrique de phosphore de
MM. Coignet, ainsi que les principales fabriques d'allumettes de l'agglo-
mération lyonnaise. Les ateliers, les opérations qui s'y pratiquent ont été
examinés dans leurs moindres détails ; les maîtres et les ouvriers ont été
minutieusement interrogés. Nous nous sommes mis, en outre, en rapport avec MM. les médecins à qui leur position, soit dans les hôpitaux,

soit ailleurs, pouvait avoir fourni l'occasion de connaître ou de traiter
des malades appartenant à l'industrie du phosphore. Ce sont les résultats
de cette enquête que nous allons exposer dans ce Rapport, pour lequel
nous utiliserons encore les renseignements qui se sont produits dans la
Société de médecine, lors de la discussion qui a eu lieu dans son sein, à
la demande de M. Rougier, sur la question qui nous occupe. Nous mettrons encore à profit un travail inédit d'un jeune docteur, M. Humbert,
naguère interne des hôpitaux de Lyon, qui a observé plusieurs cas de
nécrose phosphogénée et qui a en outre étudié d'une manière toute spéciale les conditions hygiéniques de l'industrie qui fait l'objet de cette
enquête. Nous avons donc le droit d'espérer que ce rapport sera le
tableau fidèle de l'état actuel de la fabrication du phosphore et des allumettes phosphorées à Lyon, ainsi que de son influence sur les ouvriers
qu'elle emploie.

Fabrication du phosphore.

La fabrique de phosphore de MM. Coignet, établie à la Guillotière,
aux portes de Lyon, existe depuis l'année 1838, c'est-à-dire depuis plus
de dix-sept ans. Elle produit des quantités considérables de phosphore,
qui ne s'élèvent pas à moins de 60 à 80.000 kilogrammes par an. L'extraction du phosphore des os nécessite de nombreuses opérations. Ces
opérations sont trop connues, ont été trop souvent et trop bien décrites
et particulièrement dans le mémoire de Dupasquier, auquel fait allusion
la lettre ministérielle, pour que nous croyions devoir entrer, à ce sujet,
dans de minutieux détails. Nous nous contenterons de citer les principales, celles qui sont de nature à jeter dans l'atmosphère des vapeurs ou
gaz capables d'affecter l'organisme. Ce sont : 1º le traitement des os pul-
vérisés par l'acide sulfurique qui donne lieu à un dégagement d'acide sul-
fhydrique et à des vapeurs irritantes qui provoquent la toux ; 2º
la distillation ou extraction proprement dite du phosphore, qui se fait
en soumettant à l'action de la chaleur, dans une cornue de grès, le
mélange de phosphate acide de chaux et de charbon. Cette opération donne lieu à un dégagement abondant d'hydrogène phosphoré,
accompagné souvent de phosphore en vapeur. Ce gaz s'enflamme au sortir de l'eau du récipient et brûle en produisant d'épaisses vapeurs blanches d'acide phosphorique. La production de ces vapeurs, dans des ateliers
où trente ou qnarante cornues fonctionnent à la fois, donne lieu, dans le
moment du *grand feu*, c'est-à-dire douze à quinze heures après le com-

mencement de l'opération, à un épais nuage blanc qui remplit tout l'atelier pendant un certain temps, puis se dissipe peu à peu. Une quinzaine d'ouvriers sont employés au travail des fours, circulent et respirent dans ce brouillard phosphorique ; ils n'en éprouvent pas d'inconvénients. Au commencement, ils toussent un peu, mais bientôt, les uns au bout de quelques jours, les autres au bout d'un ou deux mois, ils s'y habituent et en sont si peu incommodés, que l'hiver ils redoutent plus l'air froid extérieur que le nuage acide de l'atelier, au point qu'ils ferment avec soin portes et fenêtres. Les seuls accidents qu'ils éprouvent sont dus aux transitions brusques de température auxquelles les expose leur métier de chauffeurs. Ces détails sont le résumé des réponses faites par les ouvriers eux-mêmes aux questions que nous leur posions. Parmi ces ouvriers, il en est plusieurs qui travaillaient déjà dans cette fabrique à l'époque où Dupasquier publia ses observations en 1836. Ainsi, le nommé Bourrel François, employé aux fours depuis 1840, qui a été cité dans le mémoire de Dupasquier, nous affirme de nouveau, à neuf ans de distance, que sa santé n'avait jamais souffert de sa profession.

Le nommé Guillot travaille depuis huit ans, il n'a jamais ressenti d'influence fâcheuse de la part des émanations phosphorées.

Guy, employé aux fours depuis trois ans, a toussé pendant près de deux mois ; mais, au bout de ce temps, il s'est habitué, et n'a plus été malade.

Revol travaille depuis un mois ; il a eu en commençant quelques maux de tête, mais qui se sont dissipés d'eux-mêmes et n'ont plus reparu.

Chalamel, employé depuis quinze jours, a éprouvé aussi quelques maux de tête au commencement, mais n'a rien ressenti du côté du poumon ni du tube digestif.

Il est inutile de citer les témoignages de tous les ouvriers ; ils sont tous conformes, quoique parmi eux se trouvent bien des différences d'âge et de tempérament.

3° La dernière opération qui se pratique sur le phosphore, c'est le moulage. Dans un atelier bas, sombre et humide, deux ouvriers ayant entre eux une bassine, où une masse de phosphore est tenue en fusion sous eau chaude, plongent dans le phosphore liquéfié un tube de 1 centimètre de diamètre et de 40 à 50 centimètres de long ; ils aspirent avec la bouche de manière à faire monter le phosphore ; puis, quand le tube en est plein, ils en bouchent avec le doigt l'extrémité supérieure et le portent dans un réservoir d'eau froide placé à côté d'eux. Le phosphore se refroidit et forme comme un bâton solide que l'on extrait du tube et qu'on abandonne dans l'eau jusqu'à ce qu'on le mette en boîte. Dans cette pièce, sombre, humide, mal aérée, deux ouvriers travaillant assis du matin au soir, moulant chacun de 60 à 80 kilogrammos de phosphore par jour, respirant incessamment les exhalaisons phosphorées qui remplissent l'atmosphère et qui se révèlent énergiquement à l'odorat, ces deux ouvriers doivent être dans les conditions les plus propres au développement des affections dépendantes des émanations phosphorées ; cependant il n'en est rien, comme on va le voir.

Benoît Gagne, cité par Dupasquier, moule du phosphore depuis onze ans ; il n'a jamais éprouvé d'effet fâcheux de ce travail.

Guillodon[1] n'a jamais été incommodé par le moulage du phosphore, qu'il exerce depuis trois ans.

Des faits qui précèdent et qui nous ont été garantis par le témoignage de deux habiles médecins, MM. Meynet et Girin, qui tous deux ont été chargés successivement du service médical de l'établissement de MM. Coignet, que doit-on conclure, sinon l'innocuité des opérations diverses qui aboutissent à la production du phosphore dans les conditions où nous les avons vu s'exécuter? Cette innocuité nous paraît d'ailleurs ressortir évidente de ces deux enquêtes qui, faites dans une usine montée sur une échelle considérable, et à dix ans de distance, fournissent des résultats identiques. Nous sommes donc autorisés à admettre et à dire que dans la fabrique de phosphore de MM. Coignet, et par conséquent dans toutes celles qui emploient les mêmes procédés, les émanations phosphorées, quoique produites en abandance, n'exercent aucune action sur la santé des ouvriers.

Cependant, pour ne rien omettre de ce qui a rapport à la fabrication du phosphore et pour le dire en son lieu, je dois citer un cas de nécrose maxillaire, suivi de mort, survenu parmi les ouvriers de la fabrique Coignet. Mais cet ouvrier, nommé Reverant, n'a travaillé que peu de temps dans cette fabrique, où il a été employé aux fours. Avant d'y entrer, il avait travaillé, dans des fabriques d'allumettes, il avait été occupé au trempage. Les renseignements que nous avons recueillis au sujet de cet ouvrier nous autorisent à croire que la carie du maxillaire était antérieure à son arrivée dans la fabrique Coignet. Ce cas de nécrose, le seul observé parmi les ouvriers de cette fabrique, ne peut être imputé à cette industrie et par conséquent ne peut infirmer en rien les conclusions précédentes.

Arrivons à l'étude des fabriques d'allumettes chimiques.

---

[1] Cet ouvrier a pris la nécrose postérieurement, s'en est guéri ; puis a eu en 1870 une rechute qui a entraîné sa mort. (Note de l'auteur.)

Fabriques d'allumettes.

Les fabriques d'allumettes ne sont pas très nombreuses à Lyon et n'occupent pas un bien grand nombre de bras. On en compte une vingtaine environ, qui emploient en moyenne cinq à huit ouvriers. Une ou deux en occupent davantage. La fabrique du sieur Demoment, à la Guillotière, rue Louis-le-Grand, a compté jusqu'à vingt-deux ouvriers; actuellement, elle n'en compte que dix. On peut évaluer à cent cinquante le nombre des personnes, hommes, femmes ou enfants actuellement occupés à la fabrication des allumettes. Ce nombre était plus élevé il y a quelques années, lorsque les grandes maisons de Paris et de l'étranger n'avaient pas encore emprunté à la mécanique ces procédés rapides et merveilleux qui, en décuplant le travail de l'homme, permettent au fabricant de gagner davantage, tout en vendant moins cher. Nos petits fabricants lyonnais, trop peu capitalistes pour suivre le progrès, n'ont pu résister à la concurrence. Plusieurs ont cessé de fabriquer, d'autres ont réduit leur personnel.

Les fabriques d'allumettes sont presque toutes situées dans le quartier de la Guillotière. Il y a quelques années, en 1850, une Commission du Conseil d'hygiène, dont j'avais l'honneur de faire partie, fut chargée par l'Administration, de visiter ces fabriques, dont l'existence dans le voisinage immédiat de grands entrepôts de bois, inspirait quelques craintes. Elle fut vivement et tristement impressionnée de l'aspect misérable de ces sortes de huttes à demi sauvages où travaillaient activement un certain nombre d'individus; de l'aspect de ces êtres humains vivant dans les conditions hygiéniques les plus funestes ou plutôt en dehors de toute condition hygiénique. Vous vous en ferez facilement une idée si je vous fais le tableau d'une de ces cabanes, comme nous les avons presque toutes vues et telles qu'elles se présentent encore à mon souvenir. Figurez-vous une pièce de 5 mètres carrés environ; dans un coin de cette chambre ou sur une soupente, est un lit, à côté du lit, souvent un berceau. Dans un autre coin, un monceau de paquets d'allumettes enveloppés de papier. Au milieu, un petit poêle sur lequel on voit un pot contenant du soufre tenu en fusion, ou bien une casserole en terre dans laquelle se prépare la pâte phosphorée. Enfin, dans une autre partie de cette pièce, devant une table fixée au mur, cinq à six personnes se livrant aux diverses opérations nécessaires à la confection des allumettes. En entrant dans cette pièce, on est saisi à la gorge par une odeur suffocante, dont l'origine ne doit pas être attribuée uniquement à la casserole de mélange phosphoré, mais aussi à l'état de malpropreté du lieu, aux émanations des individus. On se demande comment on peut vivre dans une semblable atmosphère. Le soir venu, les ouvriers du dehors quittent cet abominable réduit ; mais le maître, sa femme, son enfant vont demander au sommeil des forces pour le lendemain. Ils se couchent, dorment dans cette pièce, dont l'air n'est plus renouvelé par la porte, par la fenêtre qu'on a eu soin de fermer. Ils respirent ainsi, sept à huit heures durant, cette atmosphère que cette émanation des allumettes, du vase à phosphore ont transformée en brouillard lumineux. Voilà ce qu'étaient les fabriques d'allumettes il y a cinq ans ; vous avouerez qu'il y avait bien là de quoi impressionner tristement les membres du Conseil d'hygiène. Aussi, dans le rapport qu'elle présenta à l'Administration, la Commission se préoccupa-t-elle plus de l'insalubrité de l'industrie pour les ouvriers qui l'exerçaient que des dangers qu'elle présentait pour le voisinage. Elle proposa de n'accorder d'autorisation qu'en imposant certaines mesures propres à àméliorer la situation des ouvriers. Ces mesures ont été adoptées. Les fabriques de phosphore ne sont plus ce qu'elles étaient. Elles ont bien toujours un aspect assez misérable, mais l'intérieur est mieux organisé ; ce n'est pas du confortable, mais c'est quelque chose de supportable. Nous ferons connaître l'état actuel de ces fabriques en décrivant les diverses opérations qui s'y pratiquent. Ces opérations peuvent se réduire à quatre, qui sont : 1° La préparation du bois qui doit devenir allumette ; 2° le soufrage ; 3° l'empaquetage ; 4° le trempage ou piquage. On peut ajouter à cette nomenclature l'emboîtage ou mise en boîte.

1° *Préparation du bois.* — La préparation du bois est aussi simple que possible. Un arbre bien sec est scié en rondelles de 4 à 5 centimètres de haut ; ces rondelles sont livrées à un ouvrier qui, à l'aide d'un couteau levier articulé à la table par une de ses extrémités, les découpe d'abord en tranches minces, puis divise ces tranches en allumettes, en présentant la rondelle sous un autre sens au levier. La rondelle d'allumettes est liée avec une ficelle et livrée au soufreur. Cette opération n'est pas de nature à avoir une influence spéciale sur la santé des ouvriers.

2° *Soufrage.* — La rondelle d'allumettes est plongée dans un bain de soufre et on attend que le soufre soit solidifié. Cette opération donne lieu tout au plus au dégagement de quelques traces d'acide sulfureux, jamais en assez grande quantité pour porter atteinte à la santé des ouvriers.

3° *Empaquetage.* — Les rondelles d'allumettes soufrées sont livrées à des femmes qui les défont pour les mettre en petits paquets. Cette opération s'exécute à l'aide d'une boîte en bois à deux valves. La supérieure est percée d'un trou dans lequel on introduit un paquet d'allumettes qui, entrant dans la boite, va s'appuyer sur la valve inférieure. D'un tour de main, on tord le paquet d'allumettes, ce qui isole les allumettes les unes des autres; puis on ficelle le paquet. Ces paquets sont prêts à recevoir la pâte phosphorée.

4° *Trempage ou piquage.* — Les paquets préparés comme il vient d'être dit sont enfin trempés ou plutôt appuyés sur un mélange pâteux qui doit leur donner leur propriété inflammable. Les paquets sont trempés isolément et jetés aussitôt après dans une balle où on les laisse sécher. Une fois secs on enveloppe de papier la partie imprégnée du mélange phosphoré ou bien on les met en boîtes.

Composition de la pâte.

Voici la formule des pâtes généralement employées ;

	1re qualité	2e qualité
Eau	500	250
Sel de saturne	90	60
Gomme	1500	500
Phosphore. , ...	350	1000
Chlorate de potasse. . . .	60	40
Cinabre	60	30

La première formule est employée pour les allumettes de qualité inférieure ; la seconde pour les allumettes dites en boîte. Toutefois, les proportions des diverses substances varient suivant les fabriques. Mais les substances employées par tous les fabricants sont, à peu de chose près, les mêmes,

Ces diverses opérations qui, comme je l'ai dit tout à l'heure, s'exécutaient toutes, il y a quelques années, dans une pièce unique, ne sont plus réunies aujourd'hui. Ainsi, dans presque tous les ateliers, la préparation de la pâte phosphorée, le trempage des allumettes, s'exécutent dans un endroit isolé, parfaitement écarté de l'atelier où se font les autres préparations. Ainsi, chez le sieur Demoment, chez le sieur Chevrier, le trempage a lieu dans une espèce de cave située sous la maison, mais non directement sous l'atelier des ouvriers. Dans certaines fabriques, la séparation des diverses opérations est encore plus complète; une pièce spéciale est réservée au découpage, une autre à l'empaquetage, une autre au trempage. De sorte que les ouvriers ne sont pas tous exposés aux émanations du phosphore. Dans chaque fabrique, il n'y a guère qu'une ou deux personnes occupées au trempage. C'est ordinairement le maître ou sa femme, ou un de ses enfants. Dans quelques cas cependant, des ouvriers ou ouvrières sont employés à ce travail. On ne couche plus dans l'atelier où s'exhalent les vapeurs phosphorées. Evidemment, un progrès notable et certainement profitable aux ouvriers s'est réalisé depuis quelques années dans l'hygiène de cette profession.

Voilà l'industrie de la fabrication des allumettes, telle qu'elle est pratiquée à Lyon; nous l'avons décrite dans ses procédés opératoires ainsi que dans ses conditions hygiéniques; voyons maintenant quelle influence elle exerce sur la santé des ouvriers qu'elle emploie; exposons les résultats de l'enquête que nous avons faite à ce point de vue chez les fabricants d'allumettes.

Le sieur Demoment, établi à la Guillotière, à la Part-Dieu, fabrique des allumettes depuis quinze ans. Il a employé jusqu'à vingt ouvriers à la fois; il faisait alors des allumettes pour une somme annuelle de 3o.ooo francs. Sa consommatien de phosphore s'élève de 800 à 1000 kilogrammes environ par an. Actuellement, il n'occupe que onze ouvriers : cinq femmes sont occupées à l'empaquetage, trois hommes préparent le bois. Les hommes gagnent de 3 francs à 3 fr. 25 ; les femmes, de 1 franc à 1 fr. 25. Le maître, sa femme, son fils, âgé de quinze ou seize ans, opèrent le trempage, qui s'exécute dans une pièce sombre et basse, située en contre-bas de la route sous la maison. Le jeune homme est né dans la fabrique, qu'il n'a jamais quittée; il paraît jouir d'une très bonne santé, il ne n'est jamais aperçu que les vapeurs du phosphore l'aient incommodé. Son père, sa mère, n'ont jamais souffert de leur profession. Les femmes sont d'âges divers; elles ne se plaignent nullement de leur état. Plusieurs ont pratiqué le trempage. Au commencement, disent-elles, on tousse un peu, on éprouve quelques maux de tête, quelques vertiges, mnis on s'habitue bien vite. Dans l'atelier où elles travaillent, on sent l'odeur phosphorée, bien qu'il soit éloigné de la pièce où se fait le trempage. L'une d'elles, tout en faisant ses paquets, mangeait une pomme de terre cuite à l'eau, qu'elle pelait avec ses doigts couverts d'une poussière jaune de soufre, provenant du frottement des allumettes, puis elle la portait à sa bouche, imprégnée de cette poussière. Sur l'observation que nous lui fîmes qu'elle avait tort de ne pas quitter son travail pour manger, elle nous répondit que cela ne lui avait jamais fait aucun mal ; elle nous apprit même que les femmes employées au trempage mangeaient fréquemment leur pain tout en faisant leur opération ; mais elle reconnut, ainsi que ses compagnes, qu'en ce cas, cela pouvait être dangereux. Elles ne connaissaient pas d'ouvriers ni ouvrières que les émanations de phosphore aient rendus malades. Elles savent cependant bien que la nommée Rose, le nommé Rouleau et plusieurs autres ont eu une maladie de la mâchoire, qu'on leur a fait une opération, qu'ils sont morts ; mais elles n'attribuent pas ces maux à l'action du phosphore. Suivant elles, celui-ci avait des ulcères vénériens, celui-là avait recu des coups ; celle-là était malade des dents et de la mâchoire avant d'entrer dans la fabrique. En résumé, les ouvriers et ouvrières de cette fabrique, la plus importante de Lyon, qui travaillent tous depuis nombre d'années, ne se sont jamais aperçus que leur santé ait eu à souffrir de leur profession.

Paul Goulet, à la Guillotière, fabrique depuis quinze ans ; il occupe six personnes, ses cinq filles et un jeune homme. Sa consommation en phosphore est de 8o kilogrammes par an environ. L'opération du trempage est pratiquée habituellement par Goulet ou par une de ses filles. L'atelier est divisé en deux pièces inégales. Dans la première, la plus grande, se font le découpage du bois, le soufrage et l'empaquetage ; dans la seconde très petite, qui communique avec la première par une porte toujours ouverte, se pratique le trempage. L'odeur phosphorée est uniformément répandue dans les deux pièces. Ni Goulet, ni ses filles, qui ont dû être initiées au métier dès l'âge le plus tendre, car l'aînée montre au plus vingt-cinq ans, n'ont eu leur santé altérée par les émanations phosphorées.

Chevrier, à la Guillotière, établi depuis huit ans. Cinq personnes sont occupées dans cet atelier, deux hommes et trois femmes. L'une de celles-ci est dans un âge avancé. Sa tête branle, mais rien ne nous autorise à attribuer à sa profession une infirmité qui n'est pas rare chez les personnes de son âge. C'est Chevrier lui seul qui pratique l'opération du trempage ; il l'exécute dans une pièce sombre et humide, placée au-dessous de l'atelier. Chevrier, qui ne paraît pas d'une constitution bien vigoureuse, n'a jamais éprouvé de fâcheux effets de son industrie. Comme les autres, il ne croit pas que cette profession puisse occasionner des maladies. Et cependant sa femme a été atteinte de la nécrose maxillaire, sa femme est morte phtysique, mais il attribuait à d'autres causes la ma-

ladie et la mort de cette femme. Nous en reparlerons tout à l'heure. Je
ne parle pas des visites que nous avons faites dans d'autres fabriques,
parce qu'elles ne nous ont pas fourni de résultats qui méritent une mention spéciale.

Cette enquête, négative sur plusieurs points, a été positive sur un
autre. Elle nous a montré, en effet, l'apparition de la carie maxillaire chez
les ouvriers lyonnais, maladie qui ne s'était pas montrée parmi eux jusqu'en 1846. Plusieurs individus, hommes ou femmes, nous ont, en effet,
été signalés comme ayant été victimes de cette terrible affection. Nous
n'avons pas cru devoir nous contenter de les citer ici. La gravité, l'importance du sujet, nous commandaient de nous livrer à des recherches
attentives sur les circonstances qui ont précédé ou accompagné le développement de la maladie chez les individus atteints. Cette tâche nous a
été rendue facile par le travail de M. Humbert qui, interne aux hôpitaux, a pu observer plusieurs malades atteints de nécrose. Les détails
qui suivent sont extraits des observations qu'il a bien voulu nous com-
muniquer.

1re OBSERVATION. — Marguerite Tusseau, âgée de quarante ans, d'une
constitution sanguine, ayant toujours joui d'une bonne santé, travaille
depuis plusieurs années dans une fabrique d'allumettes de la Guillotière.
Depuis huit ans, elle est employée au trempage sans avoir jamais eu
d'indisposition grave pendant tout ce temps; elle a été prise tout à coup
d'une inflammation phlegmoneuse de la joue droite. Le gonflement s'est
rapidement étendu à toute la partie droite de la tête et s'accompagnait
d'une violente céphalalgie. Elle vint bientôt à l'hôpital, on lui arracha du
maxillaire supérieur trois dents, dont deux étaient cariées. Son état
s'étant amélioré, elle sortit. Chez elle, elle s'arrache elle-même encore
une dent et, peu de jours après, une suppuration s'établit par l'alvéole de
cette dent. Depuis ce moment, l'affection n'a cessé de progresser malgré
tous les soins et tous les remèdes. Cette femme rentre à l'hôpital le
15 février 1851, dans un état pitoyable. Elle porte une ouverture fistuleuse à chaque angle de l'œil droit. L'une siège au niveau du sac lacry-
mal et fournit du pus mélangé aux larmes, l'autre conduit directement le
stylet sur l'os de la pomette nécrosée.

Dans la bouche, on voit une énorme esquille formée par le maxillaire
droit tout entier. Le bord alvéolaire est dépourvu de dents, à l'exception
de l'avant-dernière molaire, qui est noire et comme encroûtée dans l'os.
Celui-ci est rugueux, inégal, noir, imprégné de pus. Il s'écoule une quan-

tité considérable d'un pus très fétide, soit par la bouche, soit par les
fistules. On reconnaît que l'os maxillaire tout entier est nécrosé; l'os de
la pomette forme également un séquestre. Une opération chirurgicale est
faite, on extrait un séquestre qui se compose du maxillaire et de l'os
malaire soudés ensemble. Ce séquestre est noir, rugueux, creusé de cel-
lules et même de trous qui le perforent de part en part, imprégné d'un
pus sanieux et noirâtre, d'une odeur repoussante, alliacée et phosphorée;
il est léger et dur.

Au commencement de mars. la malade est prise d'une névralgie dentaire du côté gauche. On trouve à l'examen de la bouche une petite
esquille du maxillaire supérieur gauche. Elle sort de l'hôpital, mais
rentre bientôt au mois de mai, atteinte d'une nécrose du maxillaire supérieur gauche. Au mois d'août, elle présente l'état suivant : tout le maxillaire supérieur gauche est nécrosé; il s'écoule par la bouche du pus en
quantité, avec des fragments osseux; des douleurs violentes occupent
toute la tête; la malade est dans un état voisin du marasme. Le 3 septembre, elle meurt.

M. Humbert termine cette observation en disant que la malade est
morte phtysique.

2ᵉ OBSERVATION. — Thérèse Perret, âgée de quarante-neuf ans, mariée,
constitution forte, tempérament sanguin, habite la Guillotière ; elle n'a
eu qu'une maladie sérieuse dans sa vie, une attaque d'apoplexie, il y a
douze ans, mais elle en a bien guéri. Elle se nourrit mal, boit beaucoup
de vin ; ses règles coulent encore. Cette femme travaille depuis plus de
quinze ans dans une fabrique d'allumettes ; mais, depuis quelques mois
seulement, elle trempe les allumettes dans la pâte phosphorée.

Il y a deux mois, elle fut prise subitement d'une névralgie dentaire à
droite, qui fut suivie du gonflement de la joue et, peu après, de la moitié
latérale droite de la tête ; elle entre à l'hôpital le 18 octobre 1850, dans
le service de M. Barrier. Les symptômes qu'elle présente font soupçon-
ner une nécrose du maxillaire inférieur, soupçon que les progrès de la
maladie ne tardent pas à justifier. Au bout de quelques jours, il se forme
des abcès qui viennent se vider au dehors par une ouverture fistuleuse
située vers le milieu et au-dessous de la branche horizontale du maxillaire inférieur droit. Trois dents sont arrachées ; quelques jours après, la
suppuration s'établit dans la bouche par les alvéoles dentaires. L'odeur
du pus est caractéristique, alliacée et phosphorée. Peu à peu des esquilles

se détachent, puis la nécrose se limite, l'os se recouvre de bourgeons charnus, la fistule se ferme, la suppuration est tarie et la malade, considérée comme guérie, est engagée, le 21 février, à sortir de l'hôpital. Mais deux jours après, elle éprouve une attaque d'apoplexie, aux suites de laquelle elle succombe le 13 mars 1851.

3ᵉ Observation. — Laurent Raissant, âgé de trente-six ans, marié, travaille depuis douze ans à la fabrication des allumettes. D'abord simple ouvrier, il est devenu maître de fabrique. Pendant neuf ans, il a travaillé au trempage des allumettes. Il couchait dans la chambre où se faisait cette opération. S'étant aperçu que les émanations phosphorées le faisaient tousser, il a renoncé au trempage, il a quitté les lieux où l'on trempe et s'est mis à découper les allumettes. Ce changement d'état ne l'a pas empêché de contracter une nécrose du maxillaire supérieur gauche qui a débuté un an après qu'il eut quitté le trempage. La maladie a suivi ses phases naturelles, et Raissant a pu sortir de l'hôpital en 1854. Mais, atteint d'une phtysie au deuxième degré, cet ouvrier est mort depuis.

4ᵉ Observation. — Marie Rumert, âgée de trente ans, d'un tempérament lymphatique, phtysique au deuxième degré, entre à l'hôpital, service de M. Barrier, le 10 mai 1852, pour une affection du maxillaire supérieur droit. Cette femme est enceinte de sept mois. Elle a travaillé pendant cinq ans dans une fabrique d'allumettes aux Brotteaux, elle était employée au trempage. Son mal remonte à deux ans. L'affection, qui a débuté par une névralgie dentaire, a présenté dans son cours les caractères non équivoques de la nécrose maxillaire. Marie Rumert est accouchée d'un enfant qui est mort vingt-quatre heures après sa naissance ; elle-même mourut quinze jours après.

5ᵉ Observation 1845. — La femme Laporte, mariée, sans enfants, âgée de trente-trois ans, grande, d'une constitution sèche, mal réglée, jouit habituellement d'une bonne santé. Elle a travaillé pendant trois ans au piquage des allumettes, est entrée à l'hôpital le 15 août 1845, dans le service de M. Pétrequin, atteinte d'une nécrose du bord inférieur de la branche horizontale du maxillaire inférieur gauche. La maladie a marché rapidement, la malade est sortie guérie le 24 septembre 1845. Cette guérison s'est maintenue.

6ᵉ Observation, 1853. — La femme Chevrier, âgée de trente-quatre ans mariée depuis cinq ans, mère de deux enfants, d'une taille moyenne, bien constituée, a travaillé trois ans au soufrage des allumettes, elle n'a jamais trempé, mais, pendant deux ans, elle a travaillé dans la chambre où son mari *phosphore*. Elle est atteinte d'une nécrose du maxillaire inférieur gauche, survenue il y a quatorze mois à la suite d'une névralgie dentaire Cette femme est entrée à l'hôpital en septembre 1853, douze mois après l'invasion de la maladie, après des souffrances considérables. Elle est sortie en octobre après avoir subi une opération ; mais la maladie a continué son cours ; la mâchoire supérieure a été envahie à son tour. Cette femme est morte phtysique.

Nota. — La femme Chevrier était primitivement d'une bonne constitution, ne comptait pas de phtysiques dans sa famille ; mais, au dire de son mari, elle aurait habité pendant un temps assez long un logement très humide où elle aurait contracté des douleurs rhumatismales. C'est peut-être là aussi qu'elle aurait contracté les germes de la phtysie qui l'a emportée ;

7ᵉ OBSERVATION, 1854. — Femme Simon, quarante-huit ans, a travaillé pendant neuf ans comme trempeuse ; elle a quitté la fabrique depuis un an. Elle se mouilla ayant ses règles ; celles-ci disparurent. Elle éprouva bientôt une douleur vive à la joue gauche, puis une inflammation de la même partie ainsi que de la moitié latérale de la tête. Un an après, on pouvait constater une nécrose de tout le maxillaire supérieur gauche. Cette femme n'a pas été traitée à l'hôpital.

8ᵉ OBSERVATION, 1850. — Jeannette Rivière, quarante et un ans, a travaillé au trempage des allumettes chimiques, a quitté cette fabrication et s'est faite laveuse de lessive, a été prise comme la précédente d'une fluxion à la joue à la suite d'une suppression du flux menstruel. Cette fluxion a été suivie de tous les phénomènes morbides qui caractérisent la carie maxillaire.

A la liste précédente il faut ajouter le nommé Rousseau, qui est mort phtysique en 1846, et qui a été aussi atteint de la maladie de la mâchoire ; le nommé Réverant, que nous avons déjà cité à propos de la fabrique de phosphore, mais qui avait appartenu auparavant aux fabriques d'allumettes; le nommé Rouleau, qui nous a été cité par la femme Demoment, et le nommé Pierre Jeannin, qu'a connu notre collègue, M. le Dʳ Brevard.

Tels sont les faits que nous a révélés l'enquête à laquelle nous venons de nous livrer.

Que devons-nous conclure? Comment devrons-nous caractériser l'influence qu'exerce la profession de fabricant d'allumettes chimiques sur les ouvriers qui y sont adonnés ? Nous devons nous expliquer à ce sujet.

Il nous a paru évident que, dans les fabriques d'allumettes lyonnaises, les ouvriers n'étaient pas plus que ceux appartenant à d'autres industries sujets à des affections du tube intestinal. Aucun fait ne s'est produit à Lyon, qui puisse infirmer cette opinion.

Nous n'avons rien appris qui puisse nous faire admettre que les émanations qui se produisent dans les ateliers aient une action particulière et persistante sur le cerveau. Les ouvriers, en commençant, éprouvent quelques maux de tête, des vertiges, mais ces symptômes se dissipent promptement et, au bout de quelque temps, ne reparaissent plus.

Quant à l'action des vapeurs phosphorées sur les organes respiratoires, on est tenté, quand on entre dans ces fabriques, d'admettre *a priori* qu'elle doit s'exercer d'une manière assez énergique. Ces vapeurs, en effet, vous saisissent à la gorge, vous irritent la poitrine et provoquent la toux. Cependant, nos renseignements ne nous autorisent pas à admettre, comme on l'a dit, qu'elles donnaient fréquemment lieu à des bronchites intenses, opiniâtres, qu'elles pouvaient déterminer la phtysie pulmonaire. Il est très difficile, dans une recherche de cette nature, de faire exactement la part de ce qui revient à la profession et de ce qui doit être attribué à la constitution des individus, à leurs habitudes, à leur genre de vie. Les individus qui se livrent à cette profession sont généralement et plus que d'autres, misérables, mal nourris, mal logés. Ils habitent un quartier malsain. Adonnés à la débauche, hommes et femmes se livrent aux excès de tout genre. Ne sont-ils pas déjà, en dehors de leur profession, dans des conditions capables d'altérer profondément l'organisme et bien propres au développement d'affections graves? Cependant, quand on songe aux propriétés irritantes des vapeurs phosphorées, on ne peut se refuser à croire que ces vapeurs exercent une influence fâcheuse sur l'organe pulmonaire chez les individus d'une constitution naturellement faible ou débilitée par les causes que nous venons de signaler. Il est naturel de penser que, dans ce cas, le développement des tubercules pulmonaires puisse être, sinon provoqué, au moins favorisé par l'action incessante d'un agent irritant sur l'organe pulmonaire. Toutefois, nous ne pouvons formuler rien de positif à cet égard.

Il n'en est pas de même en ce qui concerne cette terrible affection des mâchoires, sur laquelle M. le Ministre a appelé spécialement votre attention. Dans l'enquête qu'il fit en 1846, Dupasquier ne put citer aucun cas. Nous n'avons pas été aussi heureux et, comme vous l'avez vu, nous en avons rapporté douze observations. De 1846 à 1855, il s'est donc produit douze cas de nécrose des maxillaires parmi les fabricants d'allumettes de Lyon. — Cinq sur des hommes, sept sur des femmes. Nous avons évalué à cent cinquante le nombre actuel des ouvriers, mais on peut bien porter sans exagération à 250 le nombre de ceux qui ont passé dans les fabriques dans cette période de neuf années; c'est donc une proportion de quatre et près de cinq individus atteints sur cent. Mais remarquons que les individus atteints de nécrose sont ceux seulement qui ont exercé le trempage des allumettes. Si nous admettons deux trempeurs par fabrique, cela nous donne un total de quarante trempeurs seulement, et nous pourrons bien porter à soixante le nombre des individûs qui ont pratiqué cette opération pendant la période de neuf années. Ce serait alors douze ouvriers atteints de nécrose sur soixante ou vingt pour cent. Ces chiffres parlent d'eux-mêmes. — Nous avons fait de vains efforts pour découvrir d'où provenait cette différence entre l'enquête actuelle et celle faite par Dupasquier il y a bientôt dix ans. Nous n'avons trouvé ni dans les procédés opératoires, ni dans les matières employées, ni dans l'organisation des ateliers aucun changement, aucune modification qui puisse donner raison à cette divergence. Nous sommes portés à croire qu'antérieurement à 1846, il y a dû avoir aussi quelques cas de nécrose, mais qui, soit à cause de leur petit nombre, soit parce que l'attention n'était pas éveillée sur ce point, ont dû passer inaperçus.

A quelle opération, à quelle substance doit-on attribuer la cause première de la maladie en question? Pour nous, évidemment, l'opération dangereuse, c'est le trempage, la substance nuisible, c'est le phosphore. Dupasquier, qui n'avait recueilli aucun cas de nécrose maxillaire à Lyon, ne pouvait logiquement attribuer aux émanations phosphorées le rôle qu'on leur a attribué dans la production de la maladie des mâchoires ; mais, ne pouvant mettre en doute les faits observés autre part, il les expliquait autrement. Suivant lui, c'est à l'arsenic contenu dans le phosphore et provenant de l'acide sulfurique employé dans la préparation de ce corps que les émanations phosphorées devaient leurs propriétés délétères. Mais cette manière de voir est contredite par les faits. En effet, on n'a pas, que nous sachions, observé cette maladie spéciale parmi les ouvriers qui, dans certaines industries, sont exposés aux vapeurs arsenicales ; et, de plus, à Lyon, le phosphore n'est pas arsenical, l'acide sulfurique employé pour le préparer ne contient pas d'arsenic. On ne peut donc pas admettre l'hypothèse de Dupasquier. Ce sont les vapeurs de la pâte phosphorée, arsenicale ou non, vapeurs odorantes, désagréables, qui sont la cause du mal.

Si des faits que nous avons observés à Lyon nous essayons de déduire une opinion sur la manière d'agir de cette matière, sur l'étendue où se borne son action, nous ne serons pas d'accord avec les hygiénistes qui ont observé à Paris et en Allemagne. Ces derniers admettent, d'une manière générale, que les ouvriers travaillant dans une atmosphère phosphorée sont tous exposés à la nécrose. Nous ne pensons pas ainsi. En effet, on n'a pas oublié sans doute que tous les cas observés de nécrose se sont déclarés chez des trempeurs ; on se rappelle aussi quelles étaient les conditions hygiéniques de la profession à Lyon il y a peu d'années ; tous les ouvriers travaillaient dans une même pièce, exposés aux émanations phosphorées, et cependant les trempeurs seuls ont été atteints. Ne pouvons-nous pas inférer de là que les émanations de phosphore répandues dans l'atmosphère n'engendrent pas nécessairement la nécrose, que leur action ne s'exerce énergiquement qu'à une faible distance du lieu de leur production, c'est-à-dire à la distance qui sépare le trempeur du vase contenant le mélange phosphoré. Uue fois répandues dans l'atmosphère, ces vapeurs se transforment et perdent leur énergie. Cette opinion nous paraît la conséquence naturelle des faits que nous avons signalés. Cependant, nous laisserons au Comité consultatif d'hygiène le soin de trancher cette question, sur le compte de laquelle il pourra comparer les documents émanés de nombreuses sources.

Comment agissent les vapeurs phosphorées sur l'économie ? C'est là, à coup sûr, le point délicat de la question. Suivant les uns, ces vapeurs s'introduisant peu à peu dans l'organisme, s'y accumulent, l'altèrent profondément, puis, quand la saturation phosphorée est arrivée, quand l'organisme a perdu sa force de résistance, il cède à l'action du toxique. La maladie des mâchoires serait donc un empoisonnement général qui viendrait se traduire sur les maxillaires. Suivant d'autres, les émanations du phosphore n'auraient qu'une action locale, qu'ils expliquent par les données que fournit la chimie. Le phosphore à l'air humide se transforme en un acide énergique qui, absorbé par la respiration, imprègne les liquides à la bouche, se trouve en contact avec les maxillaires, s'insinue dans les dents cariées et de là étend ses ravages jusqu'aux os. Nous admettons, nous aussi, l'action locale. Jusqu'au moment où s'établit la fluxion qui annonce la nécrose, rien n'annonce que l'organisme soit altéré. Aucun trouble dans les fonctions respiratoires, digestives ou autres, ne trahit un état morbide général. Mais lorsque la maladie locale a fait des progrès, lorsque des douleurs vives et continues ont ébranlé le système nerveux, lorsque la suppuration a duré longtemps, c'est alors que l'état général est atteint. Mais c'est le fait du mal local sur toute l'économie, et il n'est pas besoin d'invoquer pour cause de cet état une sorte d'empoisonnement préalable de l'individu.

Si nous considérons les effets des émanations du phosphore comme se produisant localement, nous ne pouvons accepter d'une manière absolue l'explication qu'on en donne. Ce n'est pas seulement dans l'industrie des allumettes que des ouvriers sont exposés à des vapeurs acides. Dans les fabriques d'acides minéraux, d'acide chlorhydrique entre autres, les ouvriers absorbent des quantités assez considérables de vapeurs acides, les liquides de la bouche en sont imprégnés au point qu'ils attaquent les dents les rongent au niveau des gencives, et cependant les maxillaires ne se nécrosent pas. Evidemment, il y a quelque chose de plus dans ces vapeurs du phosphore. On y a indiqué la présence du phosphore en nature, nous y croyons, mais nous ne pouvons dire si c'est réellement à ce corps qu'il faut rapporter les propriétés délétères des vapeurs émanées de la pâte phosphorée. Nous serions cependant tenté de considérer l'action de ces vapeurs comme quelque chose d'analogue aux effets produits par l'introduction d'un corps étranger de nature irritante dans l'économie. Ce corps étranger serait le phosphore en nature qui, porté en vapeur par l'air, s'introduirait par la peau de la figure ou par les voies nasales ou par la voie buccale, dans les tissus de la face, puis s'y accumulerait et deviendrait un centre de fluxion. Ce phosphore pourrait aussi y être porté par suite de la mauvaise habitude qu'ont les ouvriers de manger tout en faisant le trempage, de se toucher la figure avec les doigts souvent imprégnés de pâte. Toutefois, nous ne prétendons rien affirmer à cet égard.

L'influence funeste des vapeurs phosphorées est prouvée par les faits qui précèdent; elles donnent lieu, chez les individus employés au trempage des allumettes, à l'affection spéciale appelée nécrose des maxillaires. Comment se fait-il que cette affection ne se produise pas dans les fabriques de phosphore, où se manient cependant des masses si considérables de cette substance? Voilà encore un point sur lequel M. le Ministre vous demande de l'éclairer.

Pour répondre nettement à cette question, un premier point serait à éclaircir. Il serait nécessaire de savoir si la composition de l'atmosphère est la même dans les fabriques de phosphore et dans les fabriques d'allumettes. Il est permis d'en douter rien qu'en comparant la nature et l'intensité de l'odeur qu'elles présentent. Aucune analyse rigoureuse n'a été faite sur ce sujet que je sache, mais en admettant la composition de l'atmosphère, la même dans les deux cas, on peut encore, jusqu'à un

certain point, s'expliquer d'une manière assez plausible l'immunité dont
jouissent les fabriques de phosphore à l'égard de la carie maxillaire. Le
genre de travail des ouvriers dans les fabriques de phosphore ne ressemble
pas à celui des ouvriers des fabriques d'allumettes. Tandis que ces derniers accumulés dans une pièce souvent très étroite et mal aérée, absorbent constamment presque sans bouger un air infect, les premiers se
meuvent à leur aise dans de vastes ateliers largement ouverts l'été et très
imparfaitement clos l'hiver, dans lesquels l'air est constamment renouvelé, grâce à la puissante ventilation opérée par d'énormes foyers incan-
descents. En outre, ces ouvriers qui n'ont qu'à entretenir le feu ou à
surveiller les récipients où se condense le phosphore, ne sont pas constamment attachés à leurs fourneaux. Quand ils ont garni le foyer de charbon et les récipients d'eau, ils peuvent se reposer quelques instants, ils
sortent alors et respirent l'air extérieur. On le voit, les conditions dans
lesquelles vivent ces ouvriers sont tout à fait différentes de celles des
individus appartenant aux fabriques d'allumettes.

Cependant, les mouleurs de phosphore paraissent au premier abord
pouvoir être assimilés aux trempeurs d'allumettes. Passant leur journée
assis dans une pièce humide, sombre, au milieu, en quelque sorte, de
masses de phosphore, on s'étonne que leur santé n'éprouve pas de
sérieuses atteintes. Mais on doit observer que le phosphore moulé en
cylindres épais n'est pas au contact de l'air, qu'il est soigneusement
immergé dans l'eau, tandis que dans l'atelier du trempeur, le phosphore
infiniment divisé dans la pâte, est exposé sur une grande surface à l'air,
que, par conséquent, les vapeurs qui s'exhalent dans ces deux cas ne doivent pas être de même nature, de même composition, et, par suite, ne
peuvent avoir les mêmes effets sur l'organisme. Cette comparaison des
deux industries de la fabrication du phosphore et de la fabrication des
allumettes, suffira, nous le pensons, pour expliquer la différence des effets
qu'on y observe.

Voilà les faits qui ressortent de l'examen attentif que nous avons fait
de la fabrique de phosphore et des fabriques d'allumettes. Il en résulte
que, si la première ne paraît pas dangereuse pour les ouvriers qu'elle emploie, il n'en est pas de même pour les secondes. Celles-ci donnent lieu
réellement à l'affection spéciale des os maxillaires connue sous le nom de
nécrose. C'est donc une industrie fatale à un certain nombre de ceux qui
l'exercent; il est nécessaire, par conséquent, d'y introduire les réformes
capables de lui enlever ses dangers.

Le moyen que l'on propose pour atteindre ce but, c'est la substitution du phosphore modifié au phosphore ordinaire. Ce moyen présenterait divers avantages, non seulement au point de vue de la santé des ouvriers des fabriques d'allumettes, mais encore de la sécurité publique exposée à des chances nombreuses d'incendie et aux tentatives d'empoisonnement par la pâte des allumettes. Ce moyen paraît un remède radical ; cependant il n'est pas à l'abri de toute objection, même en admettant comme parfaitement prouvé que le phosphore rouge est complètement dépourvu d'action sur l'économie animale. Dans la préparation du phosphore rouge, il y a toujours une certaine quantité de phosphore qui échappe à la transformation. Le produit qu'on retire de la cornue retient une quantité variable de phosphore ordinaire. On l'en débarrasse par des lavages à la soude caustique avant de le livrer au commerce. Ne peut-il arriver qu'on livre à la consommation un produit incomplètement dépouillé de la matière dangereuse ? Dès lors, ce produit ne sera-t-il pas d'autant plus dangereux qu'on s'en méfiera moins? Nous soumettons ces observations au Comité consultatif d'hygiène publique, parce qu'il nous semble nécessaire, si on ordonne la substitution du phosphore rouge à l'autre, de prendre des mesures pour assurer la qualité constante du produit.

L'emploi du phosphore rouge est-il le seul moyen de soustraire les ouvriers des fabriques d'allumettes aux dangers auxquels ils sont exposés? Nous ne le pensons pas. En nous basant uniquement sur ce que nous avons observé à Lyon, nous croyons qu'on peut, par un ensemble de mesures d'un autre ordre, enlever à l'industrie des allumettes tous ses dangers. Voici les mesures que nous proposerions :

1° Convaincre les ouvriers trempeurs que leur profession peut donner lieu à de graves accidents, afin que d'eux-mêmes ils soient portés à se précautionner contre les émanations phosphorées. Nous signalons cette mesure parce qu'elle nous paraît très importante; on ne se met en garde que contre l'ennemi que l'on redoute. Or, les ouvriers à Lyon regardent tous leur profession comme inoffensive, et attribuent à toutes sortes de causes étrangères les maladies nées de leur état.

2° Isoler parfaitement l'atelier où se fait la préparation de la pâte phosphorée, où s'exécute le trempage, des autres ateliers où se pratiquent les autres opérations;

3° Que la préparation de la pâte phosphorée, que le trempage s'exécutent en plein air ou dans une salle élevée, bien aérée, ventilée; que le vase contenant la pâte phosphorée soit placé sous une hotte aboutissant à une bonne cheminée tirant bien ; que la balle où se jettent les paquets trempés soit elle-même placée sous cette hotte, où les paquets devront rester jusqu'à ce qu'ils soient secs ;

4° On pourrait défendre d'employer des femmes pour ces opérations ; elles paraissent plus susceptibles que les hommes ;

5° Dans l'atelier du trempage et près du vase à phosphore, il serait bon de placer une assiette contenant du chlorure de chaux additionné de temps en temps d'acide chlorhydrique ; le chlore transformerait les vapeurs de phosphore, changerait leur nature et très probablement leur influence.

Au point de vue de nos fabriques lyonnaises, l'adoption de ces moyens, favorisée par une surveillance active, nous paraît devoir mettre les ouvriers à l'abri des dangers qu'ils courent.

J'ai terminé le rapport sur l'enquête demandée par M. le Ministre de l'agriculture. J'ai fait mes efforts pour qu'il soit le tableau fidèle et vrai de l'état actuel de la fabrication du phosphore et des allumettes phosphorées à Lyon, au point de vue de l'hygiène professionnelle. Si vous le trouvez tel, je vous prierai d'en adopter les conclusions pour la réponse à faire à la lettre de M. le Ministre.

RÉSUMÉ ET CONCLUSIONS

Fabrique de phosphore.

1° Les ouvriers employés à la fabrication du phosphore ne sont exposés à aucune maladie d'une nature spéciale. Dans les premiers temps de leur entrée dans la fabrique, ils toussent un peu sous l'influence des vapeurs acides produites pendant la distillation du phosphore ; mais ces symptômes n'ont jamais de conséquences durables ni fâcheuses ;

2° On n'a jamais observé aucun cas de nécrose maxillaire survenu parmi les ouvriers de cette fabrique.

Fabrique d'allumettes.

1° Les émanations phosphorées ne paraissent pas avoir d'action durable et fâcheuse sur le cerveau ; elles ne paraissent pas avoir non plus d'influence sur le tube digestif.

Nous croyons que ces émanations de nature irritante peuvent bien exercer sur l'organe pulmonaire une action plus ou moins vive, favoriser même le développement des tubercules chez des individus d'une constitution ruinée ou prédisposés à la phtysie ; mais cette manière de voir ne doit pas être considérée comme une conséquence nécessaire des faits observés ;

2° Les vapeurs de phosphore engendrent la nécrose maxillaire, mais seulement dans certaines circonstances. Dans un atelier où travaillent huit individus, dont deux trempent les allumettes, les deux trempeurs seuls peuvent être atteints ; les autres, quoique respirant dans une atmosphère phosphorée, s'ils n'ont jamais pratiqué le trempage, échappent à la maladie ;

3° L'action des vapeurs de phosphore ne s'exerce pas sur l'économie entière ; elle ne peut être assimilée à un empoisonnement. C'est une action purement locale, qui ne peut être expliquée par la présence de l'arsenic dans le phosphore, ni par la transformation de ces vapeurs en acide énergique ; elle est due à une autre cause encore inconnue, probablement au phosphore lui-même en vapeur, à l'état de particules très tenues ;

4° Pour s'expliquer nettement la différence des effets des vapeurs phosphorées qui s'observe dans les fabriques de phosphore et dans les fabriques d'allumettes, il faudrait d'abord savoir si ces émanations sont les mêmes dans les deux cas. A en juger par l'odeur seule, il nous semble qu'elles doivent être très différentes. Nous croyons que dans les fabriques de phosphore c'est l'acide qui domine, dans les autres, c'est le phosphore. Mais même en admettant les émanations de phosphore produites dans ces deux sources comme étant de même nature, on peut s'expliquer leur différence d'action par la différence des conditions du travail dans les deux industries ;

5° Il est urgent que le Gouvernement intervienne dans l'industrie de la fabrication des allumettes pour y introduire les réformes de nature à diminuer ou à lui enlever ses dangers ;

6° La substitution du phosphore rouge au phosphore blanc dans la fabrication des allumettes serait sans doute le meilleur moyen de soustraire les ouvriers aux funestes effets des émanations phosphorées, mais ce moyen ne présenterait peut-être pas, au point de vue de la sécurité publique, tous les avantages qu'on en attend ;

7° On pourrait très probablement trouver, dans un ensemble de mesures du genre de celles que nous avons indiquées plus haut, des préservatifs suffisants contre les dangers provenant des émanations du phosphore dans les fabriques d'allumettes.

(*Extrait de la* GAZETTE MÉDICALE DE LYON.'

COMMUNICATION DE M. STÉPHANE COIGNET

A la Société d'Agriculture, Histoire naturelle et Arts utiles de Lyon

DANS SA SÉANCE DU 19 DÉCEMBRE 1856

MESSIEURS,

Le sujet dont je vais vous entretenir ne se recommande certainement pas par sa valeur scientifique; mais à cause de sa nouveauté et des avantages que pourra y trouver l'intérêt public, j'espère qu'il ne sera pas sans valeur à vos yeux. Il s'agit de la substitution du phosphore amorphe au phosphore ordinaire dans la fabrication des allumettes chimiques.

Les allumettes phosphorées, si commodes, si parfaites, quand on ne considère que le but auquel on les destine, celui d'obtenir rapidement du feu, présentent cependant dans leur emploi des inconvénients tels que, quand on y songe, on est plus tenté de les redouter que de les admirer.

Une boîte d'allumettes est, permettez-moi la comparaison, une sorte de boîte de Pandore d'où bien des maux et des plus graves peuvent sortir. Elle contient l'incendie, elle contient aussi la mort ; elle a peut-être même déjà coûté la vie à celui qui l'a fabriquée.

Les journaux, vous le savez assez, depuis quelques années, ont eu à signaler de nombreux cas d'incendie causés par les allumettes, et les annales judiciaires de divers départements ont enregistré de leur côté plusieurs cas d'empoisonnement dont la préparation phosphorée avait été l'agent.

En outre, il ressort des enquêtes faites par les Conseils de salubrité des départements de la Seine et du Rhône, que les ouvriers qui s'occupent de la fabrication de ces allumettes sont exposés à une maladie affreuse qui, la plupart du temps, conduit à la mort les malheureux qui en sont atteints.

Les rapports faits à ce sujet par M. Chevalier, professeur de chimie à l'Ecole de médecine de Paris pour le département de la Seine et par notre honorable collègue M. Glénard, professeur de chimie à l'Ecole de médecine de Lyon pour le département du Rhône, établissent par des faits positifs que bien réellement la nécrose est le résultat de l'emploi du phosphore ordinaire.

Il n'en fallait pas tant pour attirer l'attention du Gouvernement; il s'est ému de ces dangers, et Son Excellence le Ministre du commerce a récemment chargé une Commission de rechercher les moyens d'y remédier dans l'intérêt public.

La première pensée de cette Commission a été de rechercher si le phosphore ordinaire, avec lequel on fait aujourd'hui de si bonnes allumettes, ne pourrait pas être remplacé par une autre substance ayant ses propriétés précieuses sans présenter les mêmes dangers.

Cette substance lui est bien connue; elle a été découverte depuis quelques années par M. de Schrötter, professeur de chimie à Vienne (Autriche): c'est le phosphore amorphe.

Ce nouvel état, sous lequel on obtient le phosphore, lui donne, en effet, des qualités très remarquables, tout en lui conservant les propriétés qui l'ont fait rechercher comme l'agent le plus propre à donner facilement et promptement du feu; il lui enlève celles qui le rendent si redoutable, à savoir son caractère toxique et sa brutale imflammabilité.

Au premier abord, il semble que pour résoudre le problème posé à la Commission, il ne s'agit que de substituer le phosphore amorphe au phosphore ordinaire, mais cette substitution n'est pas si facile qu'on pourrait l'imaginer: des inconvénients et même des dangers peuvent résulter de cette tentative.

Vous en aurez bientôt la preuve, car mon but dans cette note est de vous faire connaître les essais faits dans ce sens et surtout d'appeler votre attention d'une manière toute particulière sur un procédé qui me paraît avoir résolu le problème d'une manière aussi heureuse qu'inattendue sur un nouveau système de briquet phosphorique qui présente tous les avantages des anciens sans avoir aucun de leurs inconvénients.

Mais auparavant, et pour faire mieux ressortir le mérite de ce procédé nouveau, pour mieux établir sa supériorité, les motifs, les intérêts qui doivent le faire adopter dans la consommation à l'exclusion de celui actuellement en usage, je crois devoir rappeler ici les inconvénients et les dangers que présente la composition de la pâte phosphorique fixée à l'extrémité des allumettes ordinaires.

Je n'insisterai pas sur l'odeur désagréable de ces allumettes dont souvent une seule boîte découverte suffit pour infecter tout un appartement en répandant des lueurs ou vapeurs phosphorescentes très abondantes.

Je n'insisterai pas non plus sur la détestable habitude engendrée par leur usage et qui porte à les frotter partout ailleurs que sur le papier verré ou grattin fixé à la boîte, à cause de la facilité avec laquelle on en obtient du feu, ceci au grand détriment de la propreté des chambres d'hôtel et autres.

Ce ne sont là en effet que de simples inconvénients. Je vais chercher à fixer votre attention sur des faits d'une autre gravité, sur les dangers réels que présentent l'emploi comme la fabrication des allumettes au phosphore ordinaire :

1° Le phosphore ordinaire est un véritable poison : des expériences nombreuses ne permettent plus le doute à ce sujet. Ce poison est d'autant plus redoutable que la science a de la peine à en retrouver les traces dans les organes d'un sujet empoisonné.

La dose de phosphore contenue dans la composition qui garnit un seul paquet d'allumettes peut s'évaluer de 3o à 5o centigrammes; elle est suffisante pour provoquer des accidents souvent déplorables.

Ce poison est à la portée de tous et quand on sait qu'il se consomme en France 25o.ooo boîtes d'allumettes par jour et qu'une simple ébullition dans l'eau permet de recueillir le phosphore qu'elles contiennent, on reste effrayé en pensant aux dangers qui pourraient en résulter.

Le phosphore ordinaire est fusible à 44°, à cette température il se dissout ou s'incorpore facilement dans les corps gras et c'est généralement à cause de cette propriété qu'il peut être introduit dans les aliments d'une façon assez dissimulée.

2° Outre ces propriétés toxiques, il existe pour les ouvriers qui s'occupent de la préparation des allumettes au phosphore ordinaire un véritable danger: c'est la perspective qu'ils ont presque tous plus ou moins d'être atteints par une affection cruelle, car elle est accompagnée de souffrances horribles. Je veux parler de la nécrose ou carie des os maxillaires que ces malheureux ont qualifiée du nom de mal chimique.

On peut dire que les émanations phosphorées sont permanentes dans les ateliers où se fabriquent les allumetttes chimiques ordinaires. En effet, la composition phosphorique qui doit garnir les allumettes, se prépare à une température qui est un peu supérieure à celle de la fusion du phosphore (environ 5o ou 6o°); on maintient cette température environ deux heures pour faciliter le mélange de toutes les matières qui la constituent. Il faut agiter constamment, et jusqu'à complet refroidissement, sans quoi le phosphore se séparerait.

Pendant toute la durée de cette opération, il s'exhale des vapeurs nauséabondes d'une odeur extrêmement alliacée.

Cette composition est ensuite étalée sur des tables à trempage et enfin desséchée autour d'un calorifère après son application à l'extrémité des allumettes.

Or, depuis la mise en travail du phosphore ordinaire jusqu'à la sortie des allumettes, les ouvriers trempeurs, les emboîteurs, les aides sont constamment dans une atmosphère imprégnée de phosphore si je puis m'exprimer ainsi. C'est parmi les trempeurs, les aides et les emboîteurs que l'on remarque le plus grand nombre de cas de nécrose.

Chaque année, il y a à Paris quatre ou cinq cas de cette maladie ayant positivement pour cause l'emploi du phosphore ordinaire.

3° Enfin le frottement des allumettes les unes contre les autres en détermine très facilement l'inflammation et il ne faut pas rechercher d'autre explication aux incendies produits par l'étourderie des enfants.

Cette inflammabilité est, telle que, pour obtenir du feu, on aurait souvent plus tôt fait de frotter deux allumettes l'une contre l'autre que de les passer sur le papier verré où on obtient rarement le but cherché avec la première allumette.

C'est aussi à cette propriété qu'il faut attribuer la répugnance que montrent tous les commissionnaires de roulage à se charger du transport d'une marchandise aussi dangereuse.

En raison de ce qui précède, il est bien évident que si l'on offrait à la consommation des allumettes donnant facilement du feu sans présenter les dangers ni même les inconvénients dont je viens de vous entretenir et qu'on reproche avec raison aux allumettes faites avec le phosphore ordinaire, on rendrait un immense service au public et on répondrait d'une manière très satisfaisante au vœu de la commission ministérielle.

Eh bien, Messieurs, en admettant que le phosphore amorphe puisse être substitué purement et simplement au phosphore ordinaire, j'espère par l'examen de ces propriétés vous démontrer que l'on serait très près d'atteindre le but cherché.

1° Le phosphore amorphe a-t-il des propiétés toxiques ?

Je réponds sans hésiter non.

En effet, le phosphore amorphe se présente sous un aspect tout différent de celui du phosphore ordinaire. Il n'a plus besoin d'être tenu dans l'eau pour être mis à l'abri du contact de l'air; il s'y conserve au contraire sans altération quels que soient la température et le degré d'humidité de l'atmosphère. Il s'y conserve dans le même état jusqu'à une température très élevée.

D'après mes observations, son degré de fusion varie depuis 280 degrés jusqu'à 330 et même 340 degrés suivant la manière dont il a été préparé ; à cette température il s'enflamme à l'air, mais sa combustion est beaucoup moins vive que celle du phosphore ordinaire ; la flamme commence à prendre une couleur jaune verdâtre et devient ensuite d'une blancheur éclatante.

Cette propriété du phosphore amorphe fait qu'il est infusible à la température d'ébullition de l'eau et des corps gras ; il est aussi insoluble dans ces derniers.

Après une ébullition prolongée dans un corps gras, le phosphore tombe au fond du vase par le repos et la matière grasse reprend sa couleur primitive.

Les alcalis caustiques, même concentrés, ne l'altèrent en aucune façon, à chaud comme à froid.

Les acides acétique, chlorhydrique, sulfurique concentrés sont sans action sur lui à la température ordinaire.

A chaud, les deux premiers se distillent ou s'évaporent sans que le phosphore ait changé d'aspect.

Mais l'acide sulfurique à 66 degrés au point d'ébullition à vase découvert répand des vapeurs blanches ayant un peu l'odeur de l'acide sulfureux.

Il y a, je crois, décomposition d'une partie de l'acide sulfurique et formation d'une des combinaison d'oxygène et du phos phore d'une par qui reste dans la capsule, et d'acide sulfureux qui se dégage.

L'acide azotique se décompose même à froid ; quand on le verse sur du phosphore amorphe, il donne lieu à la formation d'acide phosphorique et d'acide hypo azotique.

On peut donc dire avec assurance que le phosphore amorphe n'est pas soluble dans les liquides acides ou alcalins de l'estomac.

Dans les essais faits à ce sujet, on a pu impunément en faire avaler 25 grammes à un chien sans qu'il en fût sensiblement incommodé ; son estomac ne l'a pas digéré et la quantité entière s'est retrouvée sans changement dans les excréments.

C'est à bon droit qu'on peut affirmer que, sous l'état amorphe, le phosphore n'est pas un poison.

2° L'emploi du phosphore amorphe dans la fabrication des allumettes chimiques exposera-t-il les ouvriers à l'affection de la nécrose ?

Je répondrai encore non, et voici pourquoi.

Le phosphore amorphe, quand il est pur, est complètement inodore.

On l'emploie toujours mouillé·et à une température qui ne dépasse pas 3o degrés.

On ne sent absolument rien dans les ateliers de fabrication si ce n'est un peu de soufre ; mais pas la moindre trace de l'odeur si caractéristique du phosphore ne trahit sa présence.

Or, comment un corps sans odeur, mouillé, et qui ne se volatilise qu'à 3oo degrés pourrait-il être absorbé par l'économie dans l'acte de la respiration et produire les phénomènes si épouvantables de la nécrose ?

Donc, avec le phosphore amorphe, pas de nécrose possible pour les ouvriers qui l'emploient.

3° Enfin comment la substitution du phosphore amorphe au phosphore ordinaire peut-elle prévenir les incendies par accident ? C'est ici, Messieurs, que va se trouver la première, la seule difficulté.

Par la substitution pure et simple, on arrive à faire des allumettes s'enflammant très bien, trop bien même car elles pêchent par cet excès de qualité. La simple pression des allumettes les unes contre les autres en détermine l'inflammation, et sous ce rapport elles offrent même plus de danger que les allumettes au phosphore ordinaire ; car ces dernières, en pareil cas, s'éteignent dès qu'elles sont privées d'air, tandis que les allumettes au phosphore amorphe, qui contiennent nécessairement du chlorate de potasse brûlent plus ou moins vivement même à l'abri de l'air. Des tentatives nombreuses ont été faites pour éviter ce grave inconvénient, mais, je dois le dire, sans un succès complet.

On arrivera sans doute à ce résultat, mais la difficulté à vaincre est grande.

Parmi tous les corps susceptibles de donner de l'oxygéne, le chlorate est celui qui le cède avec le plus de facilité. C'est aussi le seul qui, en contact avec le phosphore amorphe, donne instantanément du feu.

Le mélange du chlorate avec le phosphore amorphe constitue une poudre fulminante d'une énergie extrême, et de suite vous pouvez comprendre les dangers et les inconvénients que présente l'emploi de ces substances.

On a protégé l'action si vive de ces deux corps en présence l'un de l'autre par des pâtes à la gomme, à la colle, à l'amidon, etc.

On a fait de bonnes allumettes en apparence, mais que l'usage a fait condamner et repousser.

La préparation qui a le mieux réussi pour cela a été expérimentée par ma maison ; elle consiste à tremper les allumettes dans une première composition phosphorique qui ne contient point de chlorate de potasse, puis, après dessiccation, on les retrempe dans une nouvelle composition renfermant le chlorate. On obtient ainsi des allumettes contenant très peu de chlorate et ne s'enflammant pas trop facilement par leur contact.

Les essais tentés par mélange ont donné lieu à plusieurs accidents heureusement sans gravité; mais si l'on appliquait ce procédé en grand, quels ne seraient pas les dangers à redouter par suite de la trituration du chlorate avec le phosphore?

La perfection n'est donc pas encore obtenue pour le système d'allumettes s'enflammant par le frottement contre un corps quelconque, mais il ne faut pas mettre en doute qu'on y parviendra. En attendant, force a été de chercher de nouvelles combinaisons.

Tous les principaux fabricants d'allumettes s'en sont occupés très sérieusement.

Enfin l'un d'eux M. Landströme, chef d'une des plus importantes comme des plus célèbres fabriques d'Europe, est arrivé à un résultat complet par un système tout nouveau et offrant toute sécurité contre les incendies par accident.

Ce procédé est très ingénieux, comme vous allez en juger, et simple comme tout ce qui est bon.

M. Landströme a fait un retour sur la fabrication des allumettes chimiques ; il en est presque revenu aux briquets oxygénés qu'on a trouvé si bons pendant plus de vingt ans.

Il a modifié la composition de chlorate et de soufre qui garnissait la tête de ces anciennes allumettes et remplacé la petite bouteille d'acide sulfurique par une simple peinture ayant pour base le phosphore amorphe.

Vous voyez que M. Landströme a séparé les éléments dont le rapprochement est indispensable pour obtenir du feu.

Son allumette ne contient point de phosphore; il est tout entier dans la peinture fixée sur les côtés de la boîte et qui sert de gratin à la place du papier verré habituel.

C'est contre cette peinture que l'on frotte l'allumette. Il suffit de la passer une fois ou deux pour déterminer l'inflammation de la composition qui la garnit. Le simple contact du chlorate et du phosphore suffit.

Ce système réunit tous les avantages, et des allumettes phosphoriques, et des anciennes allumettes oxygénées; on peut dire qu'il est la perfection de l'allumette chimique.

Outre les avantages que je vous ai signalés au point de vue de l'hygiène publique et de la santé des ouvriers, il résout parfaitement le problème soulevé par la 3ᵉ question, par ce seul fait que, pour obtenir du feu, il faut absolument frotter l'allumette contre l'enduit au phosphore.

Le frottement contre un corps quelconque ne peut donner du feu à la température ordinaire. De sorte que si une boîte de ces allumettes tombait entre les mains d'un enfant, il ne pourrait en obtenir du feu sans le concours de sa volonté, comme cela arrive presque toujours; partant, pas d'accident, pas de chance d'incendie.

J'ajouterai que, par surcroît de prudence il sera facile de fixer des plaques phosphorées dans des cadres placés à une hauteur hors de la portée des enfants et qu'alors un paquet d'allumettes deviendra tout à fait inoffensif entre leurs mains.

En résumé, le briquet Landströme que j'ai l'honneur de vous présenter est la solution la plus simple et la plus heureuse à la fois du problème posé par la Commission ministérielle.

C'est la suppression d'une maladie horrible : le mal chimique ; d'une cause d'incendie; d'une matière d'empoisonnement; mais c'est cependant encore la production facile et commode du feu.

J'ai pensé, Messieurs, qu'une invention qui, sous les modestes apparences d'un briquet, intéresserait à la fois la santé d'une population ouvrière considérable, l'hygiène et la sécurité publique, méritait de vous être soumise et qu'elle obtiendrait de vous cette consécration que vous donnez à tout ce qui est bon et utile.

RÈGLEMENT

PRÉCAUTIONS A PRENDRE POUR ÉVITER LES INCENDIES

Paris, le 9 juillet 1859.

ARTICLE PREMIER. — L'usage des allumettes chimiques phosphoriques ordinaires est rigoureusement interdit dans les casernes et dans tous les établissements et magasins dépendant de l'Administration de la guerre.

Les allumettes hygiéniques amorphes, qui ne s'allument pas si on les frotte sur toute autre chose que sur la surface préparée à cet effet, sont seules autorisées ; on n'en devra pas moins procéder à leur emploi avec toutes les précautions que comporte le maniement d'une matière inflammable.

ART. 2. — Les cantiniers, marchands et fournisseurs de la troupe qui, à partir de la publication du présent règlement, seraient reconnus avoir livré aux militaires des allumettes autres que celles dites au *phosphore amorphe*, seront privés, soit temporairement, soit définitivement, les uns de leur commission de cantinier, les autres de la faculté d'approvisionner la troupe de toute espèce de marchandises ou denrées.

ART. 3. — Les militaires, fonctionnaires et employés de tous grades et de toutes classes, qui enfreindraient cette défense, seront sévèrement punis et signalés, en outre, au Ministre.

Toutes autres personnes logées ou appelées dans les établissements militaires, par la nature de leur emploi ou de leurs fonctions, sont soumises à la même règle ; en cas d'infraction de leur part, il en sera rendu compte.

ART. 4. — Il est expressément défendu de fumer dans les écuries des quartiers et à proximité des magasins de fourrages ou de matières inflammables.

On veillera à ce que les cavaliers de corvée ne soient point porteurs d'allumettes lorsqu'ils pénétreront dans les magasins à fourrages ; les officiers de semaine et les chefs de détachement seront responsables des contraventions à cet égard.

Art. 5. — Dans l'enceinte des établissements, il ne peut être établi ou maintenu de corps de garde et de logement de comptable qu'en se conformant aux précautions spéciales qui seront déterminées pour chaque cas par le Ministre.

Art. 6. — L'emploi des boulettes et autres matières phosphorées pour la destruction des rongeurs doit être sévèrement interdit.

Art. 7. — Les mesures ordinaires de surveillance déjà comprises dans les consignes continueront à recevoir leur exécution, comme par le passé.

Art. 8. — On ne devra pas perdre de vue les recommandations rappelées dans la circulaire ministérielle du 8 juin 1859, sur les autres précautions à prendre dans le but de prévenir les incendies, et sur les dispositions propres à les combattre lorsqu'ils se sont déclarés.

Art. 9. — Le présent réglement, dont les diverses autorités civiles et militaires, ainsi que la gendarmerie, assureront l'exécution, sera affiché dans toutes les casernes, postes et corps de garde, et sera lu, plusieurs fois par mois, à la troupe, à l'appel du matin.

Le maréchal de France,
Ministre secrétaire d'Etat de la guerre,

Signé : Randon.

N° 220. — *Décision ministérielle qui autorise l'emploi des allumettes phosphoriques ordinaires*[1] (1re Direction ; Person-

---

[1] Le titre de cette décision ministérielle est vicieux. Ce n'est pas l'allumette phophorique ordinaire, c'est-à-dire celle au phosphore blanc, qui est autorisée ; c'est l'allumette androgyne et l'allumette Canouil, lesquelles n'ont eu qu'une existence éphémère, qui sont autorisées.

L'allumette, genre suédois, est donc seule autorisée actuellement dans les casernes. *(Note de l'auteur.)*

nel ; Bureau de la Correspondance générale et des opérations militaires).

Paris, le 14 octobre 1859.

Le réglement du 9 juillet 1859, relatif aux précautions à prendre contre l'incendie, interdit l'emploi des allumettes phosphoriques ordinaires et autorise l'usage des allumettes hygiéniques amorphes.

Cette autorisation constituerait un privilège si elle ne s'étendait aux produits offrant les mêmes avantages que ceux reconnus aux allumettes au phosphore amorphe. Telle n'a pas été l'intention du Ministre.

En conséquence, l'usage des allumettes audrogynes (Bombes de Villiers et Dalemagne), et des allumettes chimiques sans phosphore ni poison (Canouil), qui ont été reconnues offrir toutes les garanties de sécurité désirables, est également autorisé dans l'armée.

L'insertion au Journal militaire officiel tiendra lieu de notification.

COIGNET FRÈRES & CIE

Médaille de 1re classe
Exposition universelle
1855

Médaille d'honneur
Exposition de Dijon
1858

ALLUMETTES HYGIÉNIQUES

DE SURETÉ

Brevetées S. G. D. G.

Approuvées par les Conseils de Salubrité de Paris, de Lyon et de la plupart des grandes villes de France ; adoptées d'après ordre supérieur par les administrations civiles et militaires, ainsi que par les Compagnies des chemins de fer.

PARIS

220, quai Jemmapes,

—

LYON

3, Rue Rabelais.

—

AVEC CES ALLUMETTES :

PAS D'INCENDIES

CAUSÉS PAR IMPRUDENCE

PAS D'EMPOISONNEMENTS

PAS DE NÉCROSES

PAS D'ODEUR DE PHOSPHORE

—

PRIX-COURANT

N^{os}	Allumettes rondes.	Le cent.	
A.	Boîtes portefeuille sans recouvrement . . . . fr.	2	»
1.	— de poche, portefeuille	2	25
2.	— — à coulisse.	4	»
3.	— de ménage.	13	»
4.	Cartouches sans surface de frottement	5	»

Allumettes carrées.

B.	Boîtes portefeuille sans recouvrement	2	»
C.	— — provision	4	75
D.	— — de ménage.	8	50
5.	— de poche, portefeuille	2	50
6.	— — à coulisse	4	50
7.	— de ménage.	14	»
8.	Grosses Cartouches avec leur surface de frottement. . . .	22	»

Allumettes sans soufre.   Le cent.

9.   Boîtes de poche portefeuille . . . .   3 »
10.   —   de ménage. . . . .   18 »

Allumettes bougies.

11. Boîtes de poche à coulisse 6 5o
12   —   de ménage. . . . . 35 »

Amadou pour fumeurs.

13. Boîtes de poche à coulisse . . . .   »   »

Articles accessoires.   La pièce.

14. Porte-Allumettes en carton pour chambres, avec surface de
        frottement mobile. . . . .   o 2o
15. Porte-Allumettes en métal doré se pendant contre les murs,
        avec surface gommée 3 5o
16. Le même bronzé avec vis de pression 1 4o
17. Grand Porte-Allumettes en métal pour cuisines, ateliers, etc.   o 9o
18. Petit Porte-Allumettes en métal, même usage . . . . .   o 65
19. Porte-Allumettes de table, en métal, pour cafés avec vis de
        pression 1 3o
20. Porte-Allumettes pour même usage, à surface gommée . .   1 2o
21. Briquet en terre pour cafés. . . . .   o 3o
22.   —   de poche dit à surprise, en maroquin . . . . .   o 9o
23.   —   —   en métal doré à surface mobile 1 25
24.   —   semblable argenté . . . .   1 »
25.   —   de poche en cuir bouilli . . . .   o 5o
26. Boîtes pour cheminées en cuir bouilli . . . .   o 9o

Surfaces de frottement.   Le cent.

     Surfaces gommées s'appliquant sur tous objets à l'instar des
        timbres-postes (grand format raisin), la feuille (8o centimes)   o 8o
14. Cartons phosphorés pour Portes-Allumettes en carton. . .   2 »
16.   —   —   —   —   bronzés . . .   2 »
17.   —   —   —   —   de cuisine. . .   3 »
19.   —   —   —   —   de table . . .   2 5o
23.   —   —   pour Briquets dorés . . . .   1 »

Nota. — Les marchandises sont vendues payables à Lyon, au comptant
sans escompte.

Pour des ordres de 75 fr. elles sont livrées franco d'emballage à Lyon
et à Paris.

Lyon, le 2o Janvier 1861.

NOUVEL ENGRAIS POUR LES PRAIRIES ARTIFICIELLES

PLATRE PHOSPHATÉ

PRÉPARÉ PAR

COIGNET PÈRE & FILS & CIE

3, Rue Rabelais, à LYON.

Il est un principe rigoureux en agriculture, c'est qu'il faut, pour obtenir de bons résultats, rendre à la terre les éléments qui lui ont été enlevés par les récoltes précédentes.

Ces éléments sont variés, mais les plus précieux parmi tous, sont l'acide phosphorique et l'ammoniaque.

Si on analyse les différentes plantes qui font la base de la culture, à savoir les céréales et les plantes légumineuses, on trouve que la quantité d'acide phosphorique absorbée est plus considérable pour les céréales et égale pour les légumineuses à celle qui est apportée par le fumier de ferme, d'où il résulte que les céréales épuisent le sol quand les légumineuses, au contraire, le bonifient.

Les premières, par suite de leurs tiges élevées et de leurs petites feuilles, empruntent peu à l'air ; elles perdent même cette dernière faculté pour ne plus prendre qu'au sol, jusqu'à leur maturité, aussitôt que les grains sont formés.

De plus, à cause de leurs petites racines, elles ne peuvent empêcher aux plantes étrangères de croître, de grainer, et par conséquent de salir la terre.

Les légumineuses, au contraire, comme le trèfle, les vesces, la luzerne, s'emparent rapidement du sol avec leurs racines, et leurs feuilles, s'étalant avec luxe, étouffent les mauvaises herbes, en leur ravissant la nourriture et la lumière.

L'alternation des cultures améliore donc les conditions du sol, mais ne suffit pas pour lui rendre tout ce qui lui a été emprunté ; le fumier de litière même ne le fait qu'imparfaitement ; de là est venue la nécessité d'avoir recours à d'autres engrais et assolements pour compléter la quantité des éléments constitutifs nécessaires.

L'acide phosphorique est de tous celui qui fait le plus souvent défaut et qui est un des plus coûteux. Pour déterminer sa valeur, on n'a qu'à rechercher la cause qui fait employer le *Noir ànimal*, on la trouve tout entière dans la présence du *Phosphate de chaux*, et cela est si vrai qu'à Nantes, Rennes, Laval, les engrais s'y vendent d'après la quantité de phosphate qu'ils contiennent. Il ne s'achète pas dans ces villes un seul kilogramme d'engrais qui ne soit titré par un chimiste appartenant à l'administration, tant sa composition est jugée importante.

L'acide phosphorique fait avec la chaux (sous le nom de *Phosphate de chaux*) la base des os ; or, tout le monde connaît les effets merveilleux obtenus par l'emploi des os pilés. Aux environs de Genève, de Lyon, on fait jusqu'à trois récoltes successives de froment sans trop d'inconvénient. Ces effets sont dus en entier à la présence du phosphate de chaux. C'est à lui qu'on doit l'effet remarqué dans l'emploi des coquilles d'huîtres pilées, où on le rencontre en faible proportion pourtant.

Il semble naturel et logique de le rechercher partout où il se trouve, comme un des éléments les plus précieux en agriculture. Or, le plâtre phosphaté que nous offrons aux agriculteurs, contient une notable quantité d'acide phosphorique, qui doit le faire préférer au plâtre à fumer naturel qui n'en contient pas.

ANALYSES OFFICIELLES

Plâtre phosphaté		**Plâtre naturel**	
Phosphate de chaux . .	8 »	Sulfate de chaux . . .	86 »
Sulfate de chaux . . .	82 »	Carbonate de chaux . .	7 »
Sable	3 »	Silice et alumine . . .	3 »
Eau	7 »	Eau	4 »
Sulfures, des traces . .	» »	Sulfures, des traces . .	» »
Carbone, des traces . .	» »		
	100 »		100 »

La simple comparaison de ces deux analyses indique surabondamment lequel des deux plâtres doit le mieux répondre aux besoins des cultures.

Notre plâtre s'emploie comme le plâtre à fumer ordinaire, et en même quantité. Son action est des plus actives ; en même temps qu'il stimule la force végétative, il facilite énormément l'assimilation des autres éléments, soit organiques, soit minéraux, et il fournit de plus aux plantes le plus précieux des agents qui entrent dans leur constitution (l'acide phosphorique).

Nous avons démontré, par l'analyse plus haut, que notre engrais contenait 8 o/o de phosphate de chaux ; il résulte de ce fait, que 100 kilogrammes de plâtre phosphaté, représentent autant d'acide phosphorique que 1000 kilogrammes de fumier de ferme.

Quant aux bons effets et à la nécessité des plâtrages, nous ne pouvons mieux faire que d'exposer l'opinion de M. Payen :

« L'emploi du plâtre pour l'amendement des terres ne date que du
« siècle dernier; il s'est rapidement propagé jusque dans le nouveau
« monde. L'expérience a démontré qu'un grand nombre de plantes,
« affaiblies par l'humidité ou par un excès de végétation, surtout dans
« les terres fortes, acquièrent une vigueur nouvelle par l'application du
« plâtre; c'est ainsi qu'il agit avec une grande efficacité, lorsqu'on le
« répand sur un champ de trèfle, dans les prés bas et marécageux. Il
« présente, en outre, l'avantage de nuire au développement de certaines
« plantes parasites, telles que les roseaux, les glayeuls, les flèches
« et les presles, et de garantir le froment, qui succède au trèfle, des
« vers qui abondent ordinairement dans les terres où l'on a cultivé ce
« dernier.

« L'automne et le printemps sont les saisons les plus favorables à l'em-
« ploi du plâtre ; on le sème à la volée comme le grain, mais en quantité
« à peu près double. L'approche d'une rosée abondante ou d'une pluie
« fine offre une circonstance très favorable à la première action du
« plâtre.

« Le plâtre agit particulièrement en augmentant la solidité du tissu
« végétal dans lequel la sève l'entraîne et le dépose; il donne de cette
« façon du stimulant à la puissance végétative, comme la plupart des
« sels. » (Payen.)

Nous terminons en faisant ressortir que la quantité de phosphate de chaux contenue dans notre engrais diminue très sensiblement le prix auquel il est vendu. Il y a évidemment un grand avantage à l'employer de préférence au plâtre ordinaire.

Nous sollicitons des essais en comparaison, bien convaincus que nous sommes d'obtenir une supériorité marquée pour notre plâtre phosphaté.

COIGNET Père et Fils et Cie.

PRIX DE VENTE A LYON (à l'usine) :

LE SAC . . . . 1 fr. 10

Pour un wagon nous livrons à ce prix en gare ou au bateau, à quai, dans Lyon.

Nous fournissons les sacs en consignant 0,75 centimes pour chaque sac, et nous remboursons ladite somme quand on nous les rend.

Dépôt à   *chez M*

où on trouvera notre engrais à raison de
le sac.

| Médaille d'argent
PARIS, 1849
—
Médaille de 1re Classe
Exposition universelle
PARIS, 1855
—
Médaille d'or
TOULOUSE, 1858
—
Médaille d'honneur
DIJON, 1858
—
Diplôme d'honneur
NANTES, 1861 | PRODUITS CHIMIQUES
DE
COIGNET PÈRE & FILS & CIE | PARIS
Quai Jemmapes,
220.
—
LYON
Rue Rabelais,
n° 3.
— |

ENGRAIS

Pour Céréales, Prairies et Défrichements

VENDUS EN SACS NEUFS PLOMBÉS

Avec Analyse garantie

Depuis de nombreuses années, la maison COIGNET PÈRE ET FILS et Cie, qui possède à Paris et à Lyon les plus importantes manufactures de colles fortes et de gélatines qui existent, livre annuellement à l'agriculture plusieurs millions de kilogrammes d'engrais, dont la consommation s'accroît chaque jour par suite de la régularité absolue, du titre élevé en phosphate de chaux des os, de l'absence d'humidité et de toute matière inerte, de l'extrême division et de la facile dissolution de ces engrais au contact des agents atmosphériques.

Par suite du développement progressif de sa production générale, la maison Coignet est aujourd'hui en mesure d'offrir à l'agriculture des quantités beaucoup plus considérables d'engrais les plus riches en phosphate de chaux des os et en azote, qu'elle continuera de livrer avec garantie absolue d'analyse et de qualité parfaite.

Les analyses garanties qui suivent sont faites par MM.
MALAGUTI, de Rennes;
BOBIERRE, de Nantes;
GLÉNARD, de Lyon.

GUANO ARTIFICIEL POUR CÉRÉALES

SANS HUMIDITÉ

Forme du plomb et légende.   ANALYSE

Matière organique animale	20
Phosphate de chaux	73
Silice et carbonate de chaux . . .	7
Azote, 2 pour 100.	100

ENGRAIS POUR PRAIRIES

HUMIDITÉ 3 POUR 100

Forme du plomb et légende.   ANALYSE

Matière organique animale	13
Phosphate de chaux	46
Silice et carbonate de chaux . . .	6
Sulfate de chaux à l'état de division chimique	35
Azote 1,2 pour 100.	100

NOIR ANIMAL VIERGE POUR DÉFRICHEMENTS

HUMIDITÉ 3 POUR 100

Forme du plomb et légende.   ANALYSE

Carbone.	7
Phosphate de chaux.	81 à 82
Silice et carbonate de chaux. .	12 à 11
	100

PRIX DE VENTE

A LYON, rue Rabelais, 3, et dans tous les dépôts :

Guano artificiel pour céréales, 20 francs les 100 kilogrammes;
Engrais pour prairies. . . 15 — —
Noir animal vierge. . . . 22 — —
Payable comptant sans escompte.

Chaque sac est du poids de 100 kilogrammes.

Dépôt à Blois, chez M. A. Chouteau, représentant, chaussée Saint-Victor, où on trouvera les engrais de la maison COIGNET aux prix indiqués dans cette circulaire.

Nota. — Comme l'estampillage altère souvent la forme des plombs, on recommande à MM. les acheteurs d'en vérifier la légende.

TABLE

Lyon. — Imp. A. REY, 4, rue Gentil. — 23253

www.ingramcontent.com/pod-product-compliance
Lightning Source LLC
LaVergne TN
LVHW020625200726
843508LV00002B/536

9 782329 814995